康斯坦茨困境讨论法的整合：

对高校美学教育教师培训项目的投入

王昊滢　著

中国纺织出版社有限公司

图书在版编目（CIP）数据

康斯坦茨困境讨论法的整合：对高校美学教育教师
培训项目的投入 / 王昊滢著. -- 北京：中国纺织出版
社有限公司，2023.8

ISBN 978-7-5229-0923-3

Ⅰ. ①康… Ⅱ. ①王… Ⅲ. ①高等教育—美学教育—
师资培训—研究 Ⅳ. ①B83

中国国家版本馆 CIP 数据核字（2023）第 169066 号

责任编辑：茹怡珊 责任校对：高 涵 责任印制：储志伟

中国纺织出版社有限公司出版发行
地址：北京市朝阳区百子湾东里 A407 号楼 邮政编码：100124
销售电话：010—67004422 传真：010—87155801
http://www.c-textilep.com
中国纺织出版社天猫旗舰店
官方微博 http://weibo.com/2119887771
河北延风印务有限公司印刷 各地新华书店经销
2023 年 8 月第 1 版第 1 次印刷
开本：787×1092 1/16 印张：10.5
字数：223 千字 定价：98.00 元

前　言
PREFACE

《康斯坦茨困境讨论法的整合：对高校美学教育教师培训项目的投入》旨在探讨康斯坦茨困境讨论法在美学教育教师培训中的应用，以及该方法在提升教师培训项目的投入决策过程中的效果和可持续发展方面的潜力。

第一章是导论，为本书提供了整体的背景和目的。通过导论部分，笔者将展示美学教育教师培训项目在当前教育领域中的重要性和紧迫性，以及为什么选择康斯坦茨困境讨论法作为研究方法。此外，还将概述本书的结构和各章节的内容，以帮助读者更好地理解整个研究过程。

第二章将回顾国内外相关研究，以便读者了解已有的研究成果和应用情况。国内研究概况将概述国内美学教育教师培训项目的发展现状和关键问题，为后续章节提供背景信息。而国外研究应用概况则将介绍国外在美学教育教师培训领域的创新实践和方法应用情况，为读者拓宽研究视野。

第三章将探讨美学教育教师培训项目的关系渊源。笔者将分析美学教育与教师培训之间的密切联系，并明确美学教育在培养教师专业素养和提高教育质量方面的定义和重要性。同时，还将讨论美学教育在教师培训中扮演的角色和产生的意义，以期为后续章节的讨论提供理论支持。

第四章将深入探讨康斯坦茨困境讨论法的理论基础和原则。笔者将详细介绍该方法的理论来源，并解释其核心原则。此外，本章还将分析KMDD的四个步骤，包括议题界定、简短陈述、理解和回应以及修正立场，并探讨这些步骤在美学教育教师培训中的应用方式和意义。

第五章将论述美学教育教师培训项目的投入议题。笔者将首先明确确定投入议题的背景和重要性，探讨为什么需要研究美学教育教师培训项目的投入议题。其次，将描述涉及的利益相关者和利益冲突，分析在项目投入决策中可能涉及的各方利益和冲突。随后，将提出投入议题的研究思路，介绍如何应用康斯坦茨困境讨论法解决美学教育教师培训项目的投入议题。最后，将建立投入议题研究的基本框架，为后续章节的具体应用提供指导。

第六章将探讨康斯坦茨困境讨论法在美学教育教师培训中的应用。在议题界定部分，笔者将明确投入议题的范围和目标，确保讨论的重点和方向明确。接着，简短陈述部分将为参与者提供表达观点和立场的机会，以促进参与者之间的交流和互动。在理解和回应部分，笔者将通过引导参与者深入地理解和积极地回应推动讨论的进展。最后，在修正立场部分，参与者将在理解他人观点的基础上，调整自己的立场，达成更加全面和准确的认识。

第七章将对 KMDD 方法的效果进行评估与改进。笔者将评估使用 KMDD 方法和决策的效果，分析其在美学教育教师培训项目中的优势和局限性。此外，还将提出改进 KMDD 方法的建议和策略，以进一步提升其应用效果和可持续发展能力。

第八章将讨论美学教育教师培训项目的可持续发展。笔者将探讨美学教育教师培训项目的长期发展和持续改进，提出关于项目可持续性的思考。同时，还将研究投入决策对项目可持续性的影响，探索如何在决策过程中充分考虑项目的长远发展。

通过本书的研究，笔者希望能够为高校美学教育教师培训项目的投入决策提供有力的理论支持和实践指导。康斯坦茨困境讨论法作为一种有效的讨论和决策方法，能够帮助教育机构和决策者更好地理解利益相关者的需求和关切，并促进他们之间达成合作和共识。通过运用 KMDD 方法，可以实现对美学教育教师培训项目投入议题的深入探讨，确保决策的合理性和可持续性。

本书的研究方法将采用综合文献研究、案例分析和实证调查等多种方法，全面、深入地探讨康斯坦茨困境讨论法在美学教育教师培训中的应用。笔者将结合相关理论和实践经验，提出具体的操作指南和建议，帮助教育机构和决策者在投入决策中更加科学、合理地权衡和选择。

最后，本书的编写离不开众多学者、教育从业者和利益相关者的支持和贡献。他们的经验和见解为本研究提供了宝贵的资源和素材。笔者衷心希望本书能够为美学教育教师培训项目的投入决策提供实用的指导，推动美学教育的发展，提升教师培训的质量和效果。

在此，笔者要对所有支持本研究的人表示由衷的感谢，并希望本书能为您在美学教育教师培训领域的实践和决策提供有益的启示和帮助。

著者

2023 年 6 月

目　录
CONTENTS

第一章　导论

第一节　研究背景和目的

一、研究背景

目前，美学教育教师培训项目的投入决策往往缺乏科学的方法和系统的分析，导致投入资源的配置不合理和效果不明显。因此，开展相关研究对提高美学教育教师培训项目的质量和效果具有重要的意义。

在开展美学教育教师培训项目投入决策时，应该采取系统综合考虑的方法。首先，需要全面分析需求，了解教师培训的实际需求，包括地区特点、学校类型、学生群体等因素。通过与利益相关者开展广泛的沟通和调研，可以获取对美学教育教师培训的需求和期望，从而为投入决策提供依据。

其次，应该充分评估现有资源的供给情况。这包括教师队伍的数量和质量、培训设施和教材的配备程度，以及财政和政策支持等。通过综合评估现有资源的状况，可以确定投入的规模和范围，确保资源的合理利用和投入效果的最大化。

同时，应该考虑美学教育教师培训的发展趋势和前景。随着社会的发展和需求的变化，美学教育的内容和方法也在不断更新和演进。投入决策应该与时俱进，关注最新的理论研究和教学实践，以确保培训项目与时代潮流相适应，并具备长远的可持续发展性。

再次，应该充分考虑投入策略的制订。投入策略涉及培训模式的选择、师资队伍的培养和选拔、教材和教学资源的开发等方面。针对美学教育教师培训的特点和目标，制订合适的投入策略，确保教师培训的专业性和有效性。

最后，投入决策还需要考虑整体教育政策和社会支持的因素。美学教育教师培训项目的推动需要政策的支持和社会的认可。因此，投入决策应该与教育政策的导向相一致，充分利用各种资源和平台，争取政策的支持和社会的认可。

总之，美学教育教师培训项目的投入决策是一个复杂而关键的问题，需要综合考虑多个因素。在资源有限的情况下，合理选择投入方向、确定投入规模和制订投入策略对提高美学教育教师培训项目的质量和效果至关重要。

二、研究目的

本书旨在探索康斯坦茨困境讨论法（KMDD）在高校美学教育教师培训项目的投入决策中的应用，以提升决策的科学性和可持续性。

（一）研究投入决策的背景和重要性

在当前美学教育教师培训项目中，投入决策的紧迫性和影响因素具有重要意义。

首先，随着社会的发展和变革，美学教育的需求和要求也在不断提高。投入决策需要根据时代背景和社会需求确定培训项目的方向和内容，以确保教师培训与学生的实际需求相契合。

其次，美学教育教师培训项目的投入决策涉及有限的资源的合理配置。教育资源包括人力资源、财务资源、教学设施等，如何在有限资源下做出明智的决策，提高资源的利用效率和培训项目的质量，是投入决策的重要课题。

最后，美学教育教师培训项目中涉及多方利益相关者，如学生、教师、教育机构和社会等。不同利益相关者可能对投入决策有不同的期望和需求，而这些利益之间可能存在冲突。因此，投入决策需要综合考虑，平衡不同利益相关者的需求，确保决策的公正性和可持续性。

（二）理解利益相关者和利益冲突

在美学教育教师培训项目中，涉及的利益相关者包括学生、教师、教育机构和社会等。这些利益相关者对美学教育教师培训项目有着不同的利益诉求和关注点。

学生是教师培训的受益者和主要对象，他们希望获得全面、深入的美学知识和教育技能，以提高自身的审美素养和教学能力。教师则希望获得专业的培训和发展机会，提升自身的教育水平和职业竞争力。教育机构则关注培训项目的影响力和声誉，追求优质的教育成果和可持续的发展。社会对美学教育教师培训项目也有着期望，希望培养更多具备美学素养的教师，为社会的艺术教育和文化建设作出贡献。

（三）探讨 KMDD 方法在美学教育教师培训项目中的应用

本书将重点探索康斯坦茨困境讨论法（KMDD）在美学教育教师培训项目中的应用。康斯坦茨困境讨论法是一种基于道德哲学和伦理学原则的决策辅助方法，它能够帮助决策者在面对复杂决策时合理权衡。

在美学教育教师培训项目中，KMDD 方法可以引导利益相关者深入讨论和辩论，明确各方的关注点和需求。通过讨论康斯坦茨困境，即在选择不同的决策方案中面临的困境和权衡，决策者可以更全面地理解不同方案的优劣，并寻求达成共识的路径。

具体而言，本书将探索如何运用 KMDD 方法引导利益相关者对美学教育教师培训项目的投入决策开展讨论和权衡，考虑不同方案的优劣，解决利益冲突，并促进共识的达成。

（四）评估 KMDD 方法的效果与改进

为了评估 KMDD 方法在美学教育教师培训项目中的应用效果，本书将开展实证研究和案例分析。我们将收集相关数据，包括参与者的反馈意见、决策结果的评估等，以了解KMDD方法对投入决策的科学性和可持续性的影响。

在评估过程中，我们将分析 KMDD 方法在决策过程中的优势和局限性。基于评估结果，我们将提出改进方法和策略，以进一步优化和完善 KMDD 方法在美学教育教师培训项目中的应用。这可能涉及改进沟通和协调机制，提供更系统化的决策支持工具，以提升决策的科学性和实用性。

（五）探讨美学教育教师培训项目的可持续发展

考虑到美学教育的长远影响和培训项目的连续性，投入决策需要充分考虑项目的可持续性因素。

在研究中，我们将探索投入决策对美学教育教师培训项目可持续发展的影响因素。这可能包括经济因素、社会需求、市场趋势以及人力资源等方面。通过分析和评估这些因素，我们将提出相关建议和策略，以确保美学教育教师培训项目能够在长期发展中保持稳定、可持续的发展态势。

我们将关注资源的合理配置和利用效率，如优化财务资源的分配、提高师资队伍的培养和发展，以及加强与教育机构、行业组织和社会机构的合作，促进美学教育教师培训项目的可持续发展。

通过以上研究目的的探索，本书旨在为高校美学教育教师培训项目的投入决策提供理论指导和实践支持，从而促进美学教育的发展和教师培训的提升。通过深入研究投入决策的背景和重要性，理解利益相关者和利益冲突，探讨 KMDD 方法的应用和评估其效果，以及探讨美学教育教师培训项目的可持续发展，我们可以提供全面而具体的建议和策略，以支持美学教育教师培训项目的决策制订和可持续发展。

第二节　康斯坦茨困境讨论法（KMDD）的简要介绍

一、康斯坦茨困境讨论法（KMDD）的起源和背景

康斯坦茨困境讨论法（KMDD）最早由德国心理学家弗里德里希·康斯坦茨（Friedrich Konstantz）于 20 世纪 60 年代提出，并在后续的研究和实践中逐渐发展和完善。它源于对决策制订过程中存在的困境和冲突的关注，以及对决策过程中参与者的合作和共享责任的需求。

（一）弗里德里希·康斯坦茨与 KMDD 方法的提出

康斯坦茨困境讨论法（KMDD）最早由德国心理学家弗里德里希·康斯坦茨于 20 世纪 60 年代提出。康斯坦茨是一位专注于决策心理学领域的学者，他十分关注决策制订过程中存在的困境和冲突，并追求一种可以帮助决策者克服这些困境的方法。

1.康斯坦茨的教育和学术背景

康斯坦茨在德国接受了系统的教育，获得了心理学和决策科学方面的学位。他在学术领域中深入研究和实践，致力于理解人类决策过程中的心理和行为。

2.康斯坦茨的专业领域

康斯坦茨专注于决策心理学领域的研究，这是一个探讨人们如何做出决策以及在决策过程中如何面临困境和挑战的领域。

康斯坦茨广泛而深入地研究了决策制订过程中的心理和行为因素，并为解决决策问题提供了实用的方法和工具。

3.康斯坦茨的研究成果和贡献

康斯坦茨在决策心理学领域取得了显著的研究成果，他的工作对该领域产生了重要的影响。他发表了许多具有启发性的论文和著作，探讨了决策过程中的认知偏差、风险感知、冲突解决等主题，为决策理论和实践作出了重要贡献。

4.康斯坦茨的学术声誉

康斯坦茨的学术研究和贡献为他赢得了良好的学术声誉和认可。他的研究成果得到了同行学者和决策领域的专业人士的广泛关注和赞赏，为他赢得了在该领域的权威地位。

（二）决策制订中的困境与冲突

在决策制订过程中，决策者常常面临多种不同的选择和利益冲突。决策的复杂性和不确定性使得决策者难以确定最佳的选择方案，并可能导致不同利益相关者之间的冲突和矛盾。传统的决策方法往往无法很好地处理这些困境和冲突，因而康斯坦茨提出了 KMDD 方法作为一种潜在解决方案。

1.决策制订中的困境

（1）决策制订的复杂性

决策制订是一个复杂的过程，涉及多个选择和目标。

决策者需要考虑各种因素，包括信息的不完全性、未来的不确定性以及决策结果对不同利益相关者的影响。

（2）不确定性的存在

决策制订过程中常常伴随着不确定性，即决策者无法准确预测未来的结果。

不确定性使得决策者难以确定最佳的选择方案，并增加了决策的风险。

（3）目标和价值观的冲突

决策制订过程中，不同的目标和价值观可能发生冲突。

决策者需要在不同的利益之间权衡，而这可能引发冲突和争议。

2.决策制订中的冲突

（1）利益相关者的差异

决策涉及多个利益相关者，他们可能有不同的观点、需求和利益。不同利益相关者之间的差异可能导致冲突和竞争，使决策过程变得复杂和困难。

（2）信息的不对称性

决策者和利益相关者可能拥有不同的信息和知识。这种信息的不对称性可能导致不同利益相关者之间的误解和冲突。

3.观点和利益的碰撞

决策过程中，不同利益相关者的观点和利益可能发生冲突和碰撞。这种冲突可能是因为不同利益相关者追求不同的目标，或者他们对决策结果的评价存在分歧。

（三）参与者合作和共享责任的需求

康斯坦茨认识到，有效的决策制订需要参与者之间的合作和共享责任。在传统决策模式下，决策往往由少数权威人士或专家独自决定，缺乏广泛的参与和协商，导致决策的可行性和可持续性受到限制。因此，康斯坦茨倡导一种新的决策方法，能够鼓励参与者的合作和共同承担责任，以达到更好的决策效果。

1.决策中的合作和共享责任的需求

（1）传统决策模式的局限性

传统的决策模式通常由少数权威人士或专家独自决定，其他参与者的角色较为被动。

这种决策模式存在一定的局限性，无法充分利用各方的知识、经验和视角，容易忽略重要的信息和利益。

（2）合作与共享责任的重要性

在决策制订过程中，合作和共享责任能够促进参与者之间的信息共享、知识交流和意见协商。

参与者合作和共享责任能够促进更全面、更客观和更可行的决策结果的达成。

（3）参与者的多样性与决策质量

决策参与者的多样性，包括不同背景、专业领域和利益，可以为决策提供更广泛的视角和观点。

多样性的参与者能够共同识别问题、探索解决方案，并促进更全面和优质的决策结果。

2.KMDD方法的理念和原则

（1）KMDD方法的理念

KMDD方法强调参与者之间的合作、协商和共享责任，通过集体智慧解决决策中的困境和冲突。

这种方法基于信任、开放和透明的原则，鼓励多元参与和共同学习。

（2）合作决策的优势

合作决策能够整合不同利益相关者的观点和利益，减少冲突和争议，提高决策的可接受性和可行性。

参与者之间的合作和责任共享能够增加信息的丰富性和准确性，提高决策的质量和效果。

（3）共享责任的重要性

共享责任意味着参与者共同承担决策的后果和责任，促使参与者更加谨慎和负责任地参与决策过程，增加决策的可持续性和长期效果。

二、康斯坦茨困境讨论法的核心思想

康斯坦茨困境讨论法（KMDD）方法的核心思想是通过组织一系列有目的性的团队讨论，从而帮助决策者克服决策制订中的困境和冲突。该方法旨在促进参与者之间的合作和共识，以达到更全面、客观和可持续的决策结果。

（一）参与者合作与共同承担责任

KMDD 方法强调参与者之间的合作和共同责任承担。决策制订过程中，不再是少数权威人士或专家独自做出决策，而是通过广泛的参与和协商达成共识。参与者合作并共同承担决策责任可以减少决策中的个人偏见和权力不平衡现象，确保决策过程的公正性和可接受性。

1.广泛的参与

KMDD 方法鼓励广泛的参与，包括不同层级、专业领域和利益相关者的参与。参与者的多样性可以带来不同的观点、知识和经验，从而丰富决策的讨论和选择。

广泛地参与有助于减少决策中信息不对称和单一视角的问题，促进更全面和更综合的决策考虑。

2.合作协商

参与者之间的合作和协商是 KMDD 方法的核心。通过对话和交流，参与者能够理解彼此的立场、需求和利益，并共同探讨解决方案。

合作协商可以提高参与者之间的相互理解和信任，减少决策中的冲突和对立。参与者共同努力寻求最佳的解决方案，以实现整体利益的最大化。

3.共同承担责任

KMDD 方法强调参与者的共同责任。参与者不仅是决策的执行者，还要承担决策结果的责任。

共同承担责任有助于提高参与者对决策结果的接受度和执行力。参与者在决策过程中感到被尊重，他们更有动力积极参与，并愿意为决策的实施和结果负责。

4.平等和开放的决策环境

KMDD 方法倡导建立一个平等、开放和透明的决策环境。在这样的环境中，参与者可以自由表达意见、提出问题和分享信息。

平等和开放的决策环境有助于消除权力不平衡和信息不对称，使参与者感到平等和被尊重。这样的环境能够激发创新思维、促进信息共享，并为决策的有效性和可靠性创造条件。

5.问题解决和共识达成

KMDD 方法通过参与者的合作和共同努力，旨在解决决策中的困境和冲突。决策过程中的困境和冲突，包括不同的意见、目标的冲突、资源的有限性等。KMDD 方法通过参与者的合作和共同承担责任，致力于解决这些困境和冲突，以达成共识和有效的决策结果。

（二）多样性和多视角的整合

KMDD 方法倡导集思广益，充分利用参与者的多样性和多视角。每个参与者都拥有独特的知识、经验和观点，通过整合这些不同的视角，可以得到更全面和更客观的决策信息。多样性和多视角的整合有助于发现潜在的问题、挑战和机会，促进创新和创造性的决策解决方案的产生。

1. 多样性的优势

参与者的多样性包括个人的背景、专业领域、文化背景等方面。每个人都有独特的知识、经验和观点，这些多样性的优势能够为决策提供更广泛的信息和想法。

多样性可以带来不同的视角和思维方式，有助于挖掘问题的不同层面和可能性。参与者的多样性可以提供多样化的解决方案，避免陷入思维定势和盲点，从而增加决策的创新性和灵活性。

2. 整合多视角

KMDD 方法鼓励参与者整合自己的视角与其他参与者的视角。这意味着不仅要关注个人的观点，还要积极倾听和理解其他人的观点。

参与者之间的交流和协商是整合多视角的关键。通过对话和互动，可以促进不同视角的交流和相互理解，以寻求共识和决策方案的整合。

3. 优势的发挥

多样性和多视角的整合使决策过程更加全面和客观。参与者可以从不同的角度审视问题，提供独特的见解和思考。

通过整合多个视角，可以发现问题的多个方面和潜在的挑战。不同的视角可能揭示出隐藏的信息、风险和机会，帮助决策者更好地评估和应对。

4. 创新和创造性的决策解决方案

多样性和多视角的整合能够促进创新和创造性的决策解决方案的产生。当不同的视角相互融合时，可以激发创新的思维和新颖的决策选择。

不同视角的整合可以打破思维的局限性，带来新的思考方式和解决方案。这种创新性的决策解决方案能够应对复杂的问题和挑战，为组织带来竞争优势和可持续发展的可能。

参与者的多样性能够为决策提供更广泛的信息和想法，带来不同的视角和思维方式。通过整合多个视角，可以发挥多样性的优势，发现潜在的问题和挑战，并促进创新和创造性的决策解决方案的产生。这种整合需要参与者之间的交流、协商和共识，从而促进团队的合作和决策质量的提升。多样性和多视角的整合能够使决策过程更加全面、客观和创新，为组织的发展和成功提供有力支持。

（三）对话和交流的重要性

KMDD 方法强调有效对话和交流对决策制定的重要性。参与者之间的积极对话和信息交流有助于建立共同的理解、共享信息和知识，促进共识的形成。对话和交流还可以帮助参与者更好地理解彼此的观点和利益，增加彼此之间的信任和合作，减少决策中的误解和冲突。

1.共同理解的建立

对话和交流是实现参与者之间相互理解的关键。通过积极对话，参与者可以分享自己的观点、意见和信息，同时聆听和理解其他参与者的立场和见解。这种相互交流的过程有助于澄清概念、减少模糊性，并建立共同的理解基础。参与者可以通过提问、讨论和互动深入探索问题的本质和复杂性，从而更好地理解决策的背景和目标。

2.信息共享与知识整合

对话和交流为参与者提供了共享信息和知识的平台。每个参与者都可以贡献自己的专业知识、经验和信息资源，使决策过程更加丰富和全面。通过开放式的对话和交流，参与者可以共同探索问题领域的不同方面，并从其他人的经验和观点中获得新的洞察力。这种信息共享和知识整合的过程有助于充实决策过程中的决策依据和信息基础，提高决策的准确性和可靠性。

3.共识的形成与决策质量的提升

对话和交流有助于促进共识的形成。通过多方面的讨论和意见交流，参与者可以逐渐接近共同的决策立场，并在决策过程中达成一致。对话和交流可以帮助参与者更好地理解彼此的需求、关注点和利益，并在此基础上寻求平衡和共同利益的解决方案。共识的形成不仅增加了决策的可接受性和可行性，还提高了决策质量和实施的成功性。

4.信任与合作的促进

对话和交流是建立信任和促进合作的关键要素。通过积极对话，参与者可以更好地理解彼此的意图、动机和期望，增加彼此之间的信任。这种信任的建立为参与者提供了开放和坦诚的环境，使他们能够更自由地表达自己的观点和想法。同时，对话和交流也有助于促进合作精神和团队意识的形成。参与者通过互动和合作，可以建立共同的目标和共享的责任感，意识到彼此间的依赖和互助关系。通过这种信任和合作的促进，参与者能够更好地协调决策行动，共同承担责任，并为决策的成功实施作出贡献。

通过有效的对话和交流，参与者可以建立共同理解、共享信息和知识，促进共识的形成，建立信任和合作关系，减少误解和冲突，并提供学习和反思的机会。这些方面的综合作用使得对话和交流成为 KMDD 方法成功应用的关键要素，为决策制订提供了更全面、客观和可持续的基础。

（四）协商和协调的机制

KMDD 方法借鉴了协商理论的原则，强调在决策制订中的协商和协调机制。利益相关者之间的协商和协调有助于平衡不同利益、解决冲突，并达成共同的决策结果。协商和协调的机制可以确保参与者的参与权利得到尊重，决策结果是基于协商和共同决策的，从而提高决策的公正性和可行性。

1. 平衡不同利益

在决策制订中，不同的利益相关者可能持有不同的观点、需求和利益。协商和协调机制可以帮助各方平衡不同的利益，寻求共同的利益点和共识。通过对话和交流，利益相关者可以互相理解和尊重对方的利益，协商出有利于各方的决策方案。

2. 解决冲突

在决策制订中，可能会出现利益冲突、意见分歧或竞争性需求。协商和协调机制提供了解决冲突的平台。参与者可以在这个平台上表达自己的观点和利益，通过对话和协商寻求解决方案。协商和协调有助于减少冲突的影响，找到一种平衡和妥协的方式，使各方能够接受和支持决策结果。

3. 共同决策和共享责任

KMDD 方法强调参与者之间的合作和共同决策。协商和协调机制确保参与者在决策制订中能够发表自己的观点、意见和建议，并参与决策的制订过程。通过共同决策，参与者能够共同承担责任，增加对决策结果的认同和支持。

4. 公正性和可行性

协商和协调机制有助于确保决策过程的公正性和可行性。在协商和协调中，各方的权益和利益都能得到平衡和考虑，决策结果更具有普遍性和可接受性。通过各方的参与和协商，决策过程更加透明和民主，从而提高决策的公正性。

5. 合作与共识形成

协商和协调机制促进了参与者之间的合作和共识形成。通过对话和交流，参与者可以分享信息、观点和想法，理解彼此的立场和利益，并通过寻求共同的理解和协商达成共识。这种合作和共识形成的过程有助于减少误解、偏见和冲突，提高决策的质量和效果。

通过协商和协调，决策过程能够平衡不同利益、解决冲突，实现公正、可行的决策结果。协商和协调促进了参与者之间的合作、共识形成和共享责任，提高了决策的质量、可接受性和可持续性。这种方法能够充分考虑各方的观点和利益，促进民主、公正的决策制订过程。

（五）反思和学习的循环

KMDD 方法强调决策过程的反思和学习。通过对决策结果的评估和反馈，参与者可以反思决策过程中的问题和改进空间，从而提高决策的质量和效果。反思和学习的循环使参与者能够不断改进他们的决策能力和决策方法，逐步提高团队的决策水平和绩效。通过反思和学习，参与者还可以发现和解决决策过程中可能出现的偏见、认知偏差或沟通问题，从而提高决策的准确性和可靠性。

1. 决策结果的评估

决策结果的评估是反思和学习的起点。参与者需要全面地评估和分析决策的实施效果。这包括评估决策的成果、影响、效益以及可能出现的问题或挑战。通过对结果的评估，参与者可以了解决策的实际效果和对组织或团队的影响，为后续的反思提供基础。

2.决策过程的反思

在评估决策结果的基础上，参与者需要反思决策过程。这包括评估参与者之间的互动、对话和协商，检视信息收集和分析的质量和准确性，以及思考决策方法和工具的应用效果。通过深入反思决策过程，参与者可以发现潜在的问题、改进的空间和不足之处。

3.经验和教训的总结

反思决策过程后，参与者需要从中总结经验和教训。这包括识别决策过程中取得成功的因素和导致失败的原因，发现有效的决策方法和工具，以及确定需要改进的方面。通过总结经验和教训，参与者可以积累宝贵的知识和智慧，为未来的决策提供指导和借鉴。

4.改进和学习的行动计划

基于经验和教训的总结，参与者需要制订改进和学习的行动计划。这包括确定具体的改进措施和学习目标，明确责任人和时间表，以及建立反馈和监控机制。通过实施改进和学习的行动计划，参与者可以逐步提升决策能力和团队绩效，不断迭代和改进决策过程。

5.反馈和再循环

改进和学习的行动计划需要与实际决策过程相结合，并不断反馈和再循环。参与者应定期评估改进措施的效果，收集反馈和评估数据，以了解改进措施的成效和效果。通过反馈和再循环，参与者可以调整和改进行动计划，以适应实际情况和需求。这种持续的反馈和再循环过程确保了决策能力的不断提升和团队绩效的持续改进。

（六）长期可持续性

KMDD方法注重决策的长期可持续性。在决策制订过程中，不仅考虑眼前的利益和短期目标，还需要考虑决策对整个系统和未来的影响。通过参与者的合作和共同承担责任，KMDD方法能够促进决策的可持续性，确保决策的长期影响是符合各方利益和社会责任的。

1.综合考虑各方利益

长期可持续性要求在决策制订过程中综合考虑各方的利益。这包括利益相关者的权益、经济利益、社会责任以及环境保护等因素。KMDD方法通过多样性和多视角的整合，确保决策过程中各方的利益得到平衡和协调，从而实现长期可持续发展的目标。

2.考虑系统影响

KMDD方法强调决策的系统性思维。决策不仅是针对一个特定问题或局部利益，而是要考虑其对整个系统的影响。这涉及决策的连锁反应、相互关联和综合效应。通过对系统影响的分析和评估，KMDD方法能够避免短视和局限性，促进决策的长远可持续性。

3.长期目标和规划

KMDD方法鼓励制订明确的长期目标和规划。决策制订过程中，参与者需要思考和讨论决策的长远影响和持续性。这包括对未来挑战和机遇的预测、对决策结果的长期效果的评估等。通过设定长期目标和规划，KMDD 方法能够引导决策者在决策中考虑未来的可持续发展，并采取相应的行动。

4. 系统监测和调整

KMDD 方法强调决策过程中的系统监测和调整。决策并非一次性事件，而是一个动态的过程。通过监测和评估决策结果，参与者可以及时发现和解决问题，并迅速调整和改进。这种持续的监测和调整能够确保决策的长期可持续性，并为决策者提供反馈和学习的机会。

康斯坦茨困境讨论法的核心思想是通过有目的性的团队讨论促进参与者之间的合作和共识，整合多样性和多视角，通过对话和交流解决决策中的困境和冲突。该方法强调协商和协调机制，注重反思和学习的循环，并追求决策的长期可持续性。这些核心思想共同构成了 KMDD 方法的基础，帮助决策者制订更全面、客观和可持续的决策结果。

第二章 国内外相关研究综述

第一节 国外研究概况

一、国外高校美学教育教师培训项目的投入决策研究概况

（一）美学教育的重要性和发展趋势

美学教育作为一门重要的学科，对培养学生的审美能力、创造力和综合素养具有重要意义。在当今全球化和多元文化的背景下，美学教育越来越受到关注。国外高校意识到美学教育的价值，积极开展相关教师培训项目。

1. 跨学科融合

国外高校美学教育教师培训项目倾向于融合美学与其他学科，如教育学、艺术学、哲学等。这种跨学科的融合可以促进多元思维和综合能力的培养，提高教师的教学水平。

2. 实践导向

国外高校美学教育教师培训项目注重将理论与实践相结合。通过实践活动、工作坊和实地考察等方式，教师可以亲身体验美学教育的实际运作，提升教学效果和创新能力。

3. 国际化视野

国外高校美学教育教师培训项目倡导国际化视野，鼓励教师与国际学者和教育机构交流与合作。这有助于拓宽教师的思路和视野，引入多元文化和不同教育背景下的经验与理念。

（二）国外高校美学教育教师培训项目的特点和模式

国外高校美学教育教师培训项目在课程设置、教学方法和评估方式等方面具有独特的特点和模式。

1. 多元化课程设置

国外高校的美学教育教师培训项目通常设计了多样化的课程，涵盖美学理论、艺术史、美学教育方法与实践等内容。教师可以根据自身需求和兴趣选择适合的课程。

2. 合作学习和小组讨论

国外高校美学教育教师培训项目注重学员之间的合作学习和小组讨论。通过小组合作和集体讨论，教师们可以分享彼此的经验和观点，促进知识的共享和互动。这种互动的学

习方式能够激发创造性思维，提高问题解决能力。

3.实践体验和反思

国外高校美学教育教师培训项目注重实践体验和反思。教师们经常参与实际美学教育活动，如艺术展览、表演和工作坊等，深入了解美学教育的实际运作，并通过反思和讨论加深对美学教育的理解。

4.导师指导和个性化发展

国外高校美学教育教师培训项目通常为学员提供导师指导和个性化发展计划。导师通过指导和辅导，帮助教师们制订个人发展目标并提供相关支持。这种个性化的学习和发展方式能够更好地满足教师的需求和兴趣。

5.综合评估和反馈机制

国外高校美学教育教师培训项目采用综合评估和反馈机制，包括课程作业、项目报告、教学实践和个人表现等。通过综合评估，教师们可以全面了解自己的学习情况和能力提升，并获得有针对性的反馈和建议。

总而言之，国外高校美学教育教师培训项目的特点包括多元化课程设置、合作学习和小组讨论、实践体验和反思、导师指导和个性化发展以及综合评估和反馈机制。这些特点共同构成了一个积极、互动和富有创造性的学习环境，有助于提高教师的美学教育水平和教学能力。这些经验对国内高校美学教育教师培训项目的投入决策提供了重要经验，具有参考价值。

二、康斯坦茨困境讨论法在国外高校教育领域的应用情况

（一）康斯坦茨困境讨论法在高校教学改革中的应用

在国外高校教育领域，康斯坦茨困境讨论法被广泛用于教学改革的决策和实施过程。例如，在制订新课程或教学计划时，教师们可以利用康斯坦茨困境讨论法促进教师之间的合作和协商，综合各方的意见和建议达成共识。

1.决策制订阶段的应用

在教学改革的初期阶段，康斯坦茨困境讨论法被用于帮助教师们制订决策，并明确目标和优先事项。教师们可以组织康斯坦茨困境讨论会议，邀请各方参与者，包括教师、学生、教育专家等，共同讨论和评估不同的教学改革方案。通过反思和学习的循环，教师们可以更好地理解各种方案的优、劣势，并最终达成共识。

2.方案设计阶段的应用

在教学改革方案设计阶段，康斯坦茨困境讨论法的应用可以促进多元参与和多视角的整合。教师们可以组织小组讨论、工作坊和研讨会等活动，邀请不同背景和专业领域的参与者共同参与方案的设计和制订。通过开放式的讨论和合作，教师们可以分享经验、交流观点，并从中获得新的启发和想法。康斯坦茨困境讨论法能够帮助教师们深入思考不同方案的可行性和可持续性，以制订出更加全面和有效的教学改革方案。

3.实施评估阶段的应用

在教学改革方案实施的过程中，康斯坦茨困境讨论法可以帮助教师们开展实时的评估和反馈。教师们可以定期组织康斯坦茨困境讨论会议或座谈会，邀请相关参与者共同评估教学改革方案的实施效果。通过分享实践经验、交流反馈意见，教师们可以借助康斯坦茨困境讨论法收集教师和学生的观点和建议，了解他们在实施过程中遇到的挑战和困惑，并共同探讨解决方案。这种实时反馈和评估可以帮助教师们及时调整教学策略，优化教学过程，并提供更好的支持和指导。

（二）康斯坦茨困境讨论法在教学评估和质量保障中的应用

康斯坦茨困境讨论法还被用于教学评估和质量保障的决策过程中。教育机构可以组织康斯坦茨困境讨论会议，邀请教师、学生和管理人员共同讨论和评估教学质量，并提出改进建议。这种基于合作和反思的评估方法可以帮助发现问题并改善教学效果。

1.康斯坦茨困境讨论法在教学评估中的应用

康斯坦茨困境讨论法为教学评估提供了一种有效的方法。教育机构可以组织康斯坦茨困境讨论会议，邀请教师、学生和管理人员共同参与。在这个过程中，各方可以自由表达对教学质量的看法、意见和建议，并深入地讨论和探讨。通过康斯坦茨困境讨论法的引导，教育机构可以收集到多元化的观点和反馈，全面了解教学中的挑战和问题。同时，康斯坦茨困境讨论法注重平衡各方利益，确保各种观点得到公正的考虑和权衡。基于这些评估结果，教育机构可以制订改进计划，针对性地解决教学中的问题，并提升教学质量。

2.康斯坦茨困境讨论法在质量保障中的应用

教育机构可以利用康斯坦茨困境讨论法的方法，在教学质量保障中建立一种持续的反馈和改进机制。例如，可以引入康斯坦茨困境讨论法的原则和流程，设计师生互评、同行评教等形式的评估活动。通过这些活动，教师可以收集到来自学生和同行的意见和建议，了解他们对教学的反馈和评价，从而进一步改进自己的教学方法和内容。同时，学生和同行之间也可以互相学习和借鉴，共同提高教学质量。

3.康斯坦茨困境讨论法在质量保障中的益处

康斯坦茨困境讨论法在教学评估和质量保障中的应用带来了许多益处。首先，通过引入多元参与和协商的机制，可以增加教学评估的客观性和公正性，避免了单一视角的片面评价。其次，康斯坦茨困境讨论法注重平衡各方利益，使各方的声音都得到重视和考虑，从而增强了决策的可行性和可接受性。最后，康斯坦茨困境讨论法强调集体智慧和协同合作，可以促进教师之间的交流和合作，提高教学团队的整体素质和能力。

总而言之，康斯坦茨困境讨论法在教学评估和质量保障中的应用为高校教育领域带来了新的思考和实践方式。通过引入康斯坦茨困境讨论法的原则和方法，可以有效地收集各方的意见和建议，全面了解教学中的困境和挑战，并基于集体的反思和讨论制订改进措施。这种基于合作和反思的评估和质量保障机制有助于提升教学质量，促进教育机构的持续发展。

（三）康斯坦茨困境讨论法在教育政策制订中的应用

康斯坦茨困境讨论法也在国外高校教育领域的教育政策制订中得到应用。政策制订者可以运用康斯坦茨困境讨论法促进参与者之间的对话和合作，共同探讨教育政策的制订过程和内容。通过广泛收集各方的意见和建议，并开展评估和反思，可以制订出更具合理性和可行性的教育政策，以促进高校教育的发展和提高教育质量。

（四）康斯坦茨困境讨论法在师资培养中的应用

在国外高校美学教育教师培训项目中，康斯坦茨困境讨论法也被广泛应用。培训机构和教育部门可以组织康斯坦茨困境讨论会议，邀请美学教育专家、教师和学生共同参与，探讨美学教育教师培训的投入决策。通过多样性和多视角的整合，参与者可以共同思考投入方向、确定投入规模和制订投入策略，以达成共识并制订出具有可行性的培训计划。

（五）康斯坦茨困境讨论法在国际合作中的应用

康斯坦茨困境讨论法在国际合作项目中也得到应用。国外高校可以与其他国家的教育机构合作开展美学教育教师培训项目，通过康斯坦茨困境讨论法的应用，促进各方的合作和沟通，共同应对培训项目中的难题和挑战。康斯坦茨困境讨论法的反思和学习循环使得参与者能够不断改进决策能力和培训方法，提高项目的质量和效果。

康斯坦茨困境讨论法在国外高校教育领域的应用日益广泛。无论是教学改革、教学评估、教育政策制订还是师资培养和国际合作，康斯坦茨困境讨论法都发挥着重要的作用。通过合作、反思和学习的循环，参与者能够更好地协商利益、解决问题，并取得可持续的发展和共识。康斯坦茨困境讨论法为高校美学教育教师培训项目的投入决策提供了一种有效的方法和工具。

三、国外研究的主要观点和结论

研究表明，在国外，对高校美学教育教师培训项目的投入与康斯坦茨困境讨论法（KMDD）的整合有着积极的效果和影响。

（一）提升教师专业发展

研究表明，将康斯坦茨困境讨论法纳入高校美学教育教师培训项目中，可以有效提升教师的专业发展。康斯坦茨困境讨论法注重合作和参与，可以激发教师对教学实践的深入反思和思考，帮助他们探索和解决教学中的困境和挑战。教师通过参与康斯坦茨困境讨论会议，与同行和学生交流和互动，可以获取多元化的观点和经验，从而拓宽自己的教学视野和方法。

（二）促进教学质量的提升

研究显示，将康斯坦茨困境讨论法纳入教师培训项目，有助于提高高校美学教育教师的教学质量。康斯坦茨困境讨论法通过开放性的讨论和反思，能够揭示出教学中存在的问题和挑战，使教师能够更加深入地理解学生的需求和学习过程。教师通过与学生和同行共同探讨教学目标、教学方法和评估方式等方面的问题，能够不断调整和改进自己的教学实践，提高教学质量和学生的学习成效。

（三）增强教师的专业社群

康斯坦茨困境讨论法的应用有助于建立和增强高校美学教育教师的专业社群。通过康斯坦茨困境讨论会议的组织，教师得以共同参与教学问题的讨论和决策，建立起密切的合作关系和相互支持的网络。教师们能够分享经验、分享教学资源和最佳实践，相互学习和成长，通过相互借鉴和启发，共同解决教学中的难题，并共享成功的经验和教学成果。这样的专业社群有助于营造积极的教学氛围，提高教师的工作满意度和专业发展动力。

（四）促进教师之间的合作和协商

康斯坦茨困境讨论法为高校美学教育教师提供了一个平等和开放的平台，鼓励教师之间的合作和协商。教师们可以通过康斯坦茨困境讨论会议共同探讨教学问题、制订教学计划和课程安排，并集思广益地制订解决方案。这种合作和协商的过程有助于建立教师之间的信任和合作关系，促进知识和经验的共享，提高教师的教学水平和创新能力。

综合来看，国外研究表明，将康斯坦茨困境讨论法整合到高校美学教育教师培训项目中，能够显著提升教师的专业发展水平、教学质量和教学创新能力。康斯坦茨困境讨论法的应用不仅促进了教师之间的合作与协商，还增强了教师与学生之间的互动与合作，营造了积极的教学氛围和专业社群。然而，值得注意的是，康斯坦茨困境讨论法的成功应用需要教育机构的支持和投入，教师们的积极参与和教师专业素养的提升。未来的研究可以进一步探索康斯坦茨困境讨论法在其他学科领域和不同教育环境中的应用效果，以丰富对其影响和价值的理解。

第二节 国内研究应用概况

一、国内高校美学教育教师培训项目的投入决策研究概况

（一）投入决策的重要性

研究表明，高校美学教育教师培训项目的投入决策直接影响着培训项目的质量和效果。投入决策涉及资源分配、课程设置、师资培养等方面的决策，对确保培训项目的顺利进行和达到预期目标至关重要。

（二）主要研究观点和结论

1.教育资源的合理配置

研究表明，合理配置教育资源是高校美学教育教师培训项目投入决策的核心问题之一。国内的研究者通过调查和分析现有资源的供给和需求情况，提出了资源配置的建议和优化方案。他们认为应当充分利用现有资源，同时加大对美学教育教师培训项目的投入，以满足不断增长的需求。

2.师资队伍的建设与培养

国内研究强调美学教育教师培训项目的投入决策需要注重师资队伍的建设与培养。研究者提出了提高教师培训师资的要求，包括教育背景、专业素养、教学经验等方面。此外，研究者还提出了培养高师资水平的策略，如加强师资培训、引进外部专家和开展国际交流与合作。

（三）课程设置与教学内容的优化

研究表明，在高校美学教育教师培训项目的投入决策中，课程设置和教学内容的优化至关重要。国内研究者通过调研和实证研究，提出了不同层次、不同专业的美学教育教师培训课程设置的建议，并探索了多元化的教学内容和教学方法。他们强调培养学生的综合素质和创新能力，注重培养学生的审美能力、艺术表达能力和跨学科思维能力。

（四）评估与反馈机制的建立

研究者指出，建立科学的评估与反馈机制对高校美学教育教师培训项目的投入决策至关重要。他们倡导采用多种评估方法，如问卷调查、观察记录和教学案例分析等，以全面了解培训项目的效果和存在的问题，并及时提供反馈和改进建议。同时，研究者还强调评估结果应该与决策相结合，为后续的投入决策提供参考依据。

（五）研究方法和数据来源

国内的研究者在高校美学教育教师培训项目的投入决策研究中采用了多种研究方法和数据。定性方法包括访谈、焦点小组讨论和观察等，通过收集和分析参与者的意见和经验，深入探索投入决策的问题和需求。定量方法包括问卷调查和统计分析等，通过大规模数据的收集和分析，获取总体层面的信息和趋势。数据来源主要包括相关文件和资料、教师和学生的调查问卷、教学观察记录等。

（六）研究现状和趋势

当前，国内高校美学教育教师培训项目的投入决策研究取得了一定的进展，但仍存在一些问题和挑战。研究主要集中在投入决策的影响因素、决策模式和优化策略等方面，缺乏长期跟踪和评估的研究。此外，对教师培训项目投入决策的定量研究还相对较少，需要进一步拓展。

二、康斯坦茨困境讨论法在国内高校教育领域的应用情况

在国内高校教育领域，康斯坦茨困境讨论法（KMDD）作为一种重要的讨论和决策方法，已经开始得到广泛应用。

（一）教师培训和教学改进

康斯坦茨困境讨论法被用于教师培训和教学改进项目中。通过组织讨论会议，教师可以分享他们的教学经验、面临的困境和挑战，并与同行一起寻求解决方案。这种合作和反思的过程有助于提高教师的专业发展，改进教学质量和改善学生的学习成果。

（二）教学评估和质量保障

康斯坦茨困境讨论法还被用于教学评估和质量保障的决策过程中。学校和教育机构可以组织康斯坦茨困境讨论会议，邀请教师、学生和管理人员共同讨论和评估教学质量，并提出改进建议。这种基于合作和反思的评估方法可以帮助发现问题和改善教学效果。

（三）教育政策制订

康斯坦茨困境讨论法也在教育政策制订中得到应用。政策制订者可以运用康斯坦茨困境讨论法促进参与者之间的对话和合作，共同探讨教育政策的制订过程和内容。通过广泛收集、评估和反思各方的意见和建议，并进行评估和反思，可以制订出更具合理性和可行性的教育政策，以促进高校教育的发展和提高教育质量。

（四）教育研究和学术交流

康斯坦茨困境讨论法在国内高校教育领域中也被广泛应用于教育研究和学术交流的活动中。研究者和学者可以组织康斯坦茨困境讨论会议，邀请同行们就特定的教育问题展开深入的讨论和探讨。通过共享研究成果、发表观点和提出问题，康斯坦茨困境讨论法为教育研究和学术交流提供了一个开放和合作的平台。

（五）学校管理和组织发展

康斯坦茨困境讨论法在学校管理和组织发展中也有应用。学校领导可以利用康斯坦茨困境讨论法解决学校管理中的问题和挑战，并与教师、学生和家长一起共同决策和制订发展方向。这种参与式的管理方式有助于建立积极的校园文化和促进学校的可持续发展。

康斯坦茨困境讨论法在国内高校教育领域的应用情况涵盖了教师培训、教学改进、教学评估、教育政策制订、学生参与、学生发展、教育研究、学术交流以及学校管理和组织发展等方面。通过康斯坦茨困境讨论法的整合，参与者可以开展开放的对话和合作，共同探索问题、提出解决方案，并为教育领域的发展和提升贡献智慧和经验。这种参与式的决策方法有助于促进教育的改革与创新，提高教育质量和学生的学习效果。

三、国内研究的主要观点和结论

（一）教师培训需注重学科知识和专业素养

研究认为，高校美学教育教师培训项目应注重培养教师的学科知识和专业素养。教师需要具备扎实的美学理论知识和艺术实践经验，才能够有效地传授美学知识和引导学生的艺术实践。培训项目应重视教师的学科能力培养，包括深入理解美学领域的基本概念、理论框架和艺术形式。

（二）培养教师的教学能力和方法

研究指出，高校美学教育教师培训需要注重培养教师的教学能力和教学方法。教师在培训过程中应获得有效的教学策略和方法，包括启发式教学、问题解决教学和跨学科教学等。培训项目应鼓励教师参与教学设计和实践，提高其教学效果和创新能力，以满足学生的学习需求和提升教育质量。

（三）强调实践与反思的结合

研究认为，高校美学教育教师培训应强调实践与反思的结合。培训项目应提供实践机会，使教师能够亲身参与艺术实践和教学实践，并在实践中反思和总结经验。反思有助于教师深入思考自己的教学行为和效果，并不断优化教学方法和策略。培训项目可以通过康斯坦茨困境讨论法等方式，鼓励教师开展合作性的反思和讨论，促进教师的专业发展和成长。

（四）建立专业社群和学术交流平台

研究指出，高校美学教育教师培训应注重建立专业社群和学术交流平台。培训项目可以组织教师间的合作学习和互动，促进教师之间的交流与合作。同时，培训项目还应提供学术交流的机会，包括学术研讨会、研究论坛和期刊发表等。这些平台可以帮助教师分享教学经验、研究成果和教育资源，促进学科领域的学术发展和教育创新。

（五）重视个体差异与个性化发展

研究者强调，在高校美学教育教师培训中应重视个体差异和个性化发展。每位教师具有不同的背景、经验和需求，培训项目应根据教师的特点和需求提供差异化的支持和培养。个性化培养可以包括个体指导、专业发展计划和个性化学习资源等，以帮助教师充分发挥自身优势并提升专业能力。

（六）关注教师情感与情绪培养

研究表明，高校美学教育教师培训应注重培养教师情感与情绪。美学教育涉及情感和审美体验，教师需要具备积极的情感态度和情绪调控能力，以激发学生的兴趣和创造力。培训项目可以通过情感教育和情绪管理的培养，帮助教师更好地应对教学中的情绪压力和挑战，建立良好的师生关系。

（七）重视教师的职业发展与持续学习

研究指出，高校美学教育教师培训应关注教师的职业发展和持续学习。培训项目不仅应关注教师的初级培养，还应提供进阶培训和职业发展的机会。这可以包括专业认证、研究项目和继续教育等。持续学习能够帮助教师不断更新知识和教学方法，保持专业竞争力，并促进个人和职业的成长。

国内高校美学教育教师培训的研究观点强调学科知识和专业素养的培养、教学能力和方法的发展、实践与反思的结合、建立专业社群和学术交流平台、个体差异与个性化发展、教师情感与情绪的培养，以及教师的职业发展与持续学习。这些观点都强调了高校美学教育教师培训的综合性和多样化需求，旨在提高教师的专业素养、教学效果和教育质量。

第三章　美学教育教师培训项目的关系渊源

第一节　美学教育与教师培训的关系

一、美学教育促进教师培训的发展

美学教育的需求促使教师培训机构和学校开设相关培训课程，提供针对美学教育的教师培训项目。美学教育的理论和实践成果为教师培训提供了研究和借鉴的基础，推动教师培训的创新和发展。

（一）美学教育的需求促使教师培训机构和学校开设相关培训课程

随着社会对艺术和人文素养的重视日益增强，美学教育作为培养学生综合素质的重要组成部分，越来越受到关注和重视。在这种背景下，教师培训机构和学校意识到美学教育对学生全面发展的重要性，开始关注并响应美学教育的需求。为了满足这一需求，他们纷纷开设相关的美学教育培训课程，旨在培养教师的美学素养和教学能力。

首先，教师培训机构和学校开设美学教育培训课程是为了提供系统的美学教育知识和教学方法。这些培训课程涵盖了丰富的内容，包括美学理论、艺术鉴赏、审美教育等方面。通过这些课程，教师可以系统地学习美学领域的基本概念、理论框架和艺术形式，建立扎实的学科基础。同时，教师还可以学习到有效的教学策略和方法，如启发式教学、问题解决教学和跨学科教学等，以提高教学效果和创新能力。

其次，美学教育培训课程的开设也是为了满足教师对美学教育知识和教学能力的需求。随着美学教育的重要性逐渐凸显，教师们意识到自己需要不断提升美学素养和教学能力，以更好地传授美学知识和引导学生的艺术实践。因此，教师培训机构和学校应积极开设美学教育培训课程，提供专业的培训和指导，帮助教师不断成长和发展。

美学教育培训课程的开设对教师培训的发展起到了积极推动作用。首先，美学教育的需求使得教师培训机构和学校在课程设置和教学方法上创新。他们根据美学教育的特点和需求，不断研发和改进培训课程，提供更适应教师需求的内容和教学方式。这种创新促使教师培训从传统培训模式向更多元化、专业化的方向发展。

（二）美学教育的理论和实践成果为教师培训提供研究和借鉴的基础

美学教育的理论和实践成果对教师培训具有重要的研究意义和借鉴价值。这些成果为教师培训提供了丰富的资源和指导，帮助教师提升美学素养、教学技能和专业水平。

1. 提供学科基础和教学理念

美学教育的理论体系包括美的概念、审美经验、艺术教育理论等内容。这些理论为教师培训提供了学科基础，帮助教师理解美学的核心概念和原理。教师通过学习美学理论，能够更深入地认识艺术和审美的本质，从而在教学中更好地引导学生的艺术探索和审美体验。美学教育的理论还提供了教学理念和方法，如启发式教学、问题解决教学等，帮助教师更有效地组织教学过程和激发学生的学习兴趣。

2. 提供教学参考和示范

美学教育的实践案例和经验分享为教师培训提供了具体的教学参考和示范。教师可以借鉴优秀的美学教育实践案例，了解成功的教学策略和方法。例如，通过学习艺术创作的实践案例，教师可以了解不同艺术形式的表现方式和创作技巧，从而在教学中更好地指导学生的艺术创作。此外，美学教育的实践经验还涉及教学设计、课程开发等方面，教师可以从中获取教学模式和实践技巧，提高自身的教学效果。

3. 促进教师的专业发展

美学教育的理论和实践成果对教师的专业发展具有重要影响。教师通过学习美学教育的相关理论，能够不断深化自己对艺术和审美领域的理解，提升自身的美学素养。这种专业发展不仅能够提高教师在美学教育方面的教学能力，还能够拓宽教师的专业领域和视野，使其能够更全面地了解艺术和审美的多样性。美学教育的理论和实践成果为教师提供了进一步研究和探索的方向，鼓励他们在美学教育领域深入研究，推动学科的发展和创新。

4. 培养教师的美学素养

美学教育的理论和实践成果有助于提升教师的美学素养。教师通过学习美学理论，能够深入理解艺术和审美的内涵，培养自己对美的敏感度和欣赏能力。这种美学素养的提升不仅使教师能够更好地欣赏和理解艺术作品，还能够将这种理解融入到自己的教学中，提供更富有艺术感和审美价值的教育体验。教师的美学素养对培养学生的审美能力和创造力具有重要影响，因此，美学教育的理论和实践成果对教师培训起到了积极的推动作用。

5. 提高教师的教学能力

美学教育的理论和实践成果可以帮助教师提高教学能力。美学教育注重培养学生的审美情操和创造力，而教师作为教育实践的主导者，需要具备相应的教学能力引导和激发学生的学习兴趣。通过学习美学教育的相关理论和实践案例，教师能够了解不同艺术形式和创作方式的特点，掌握相应的教学策略和方法。例如，在艺术教育中，教师可以通过借鉴艺术家的创作经验和教学案例，设计丰富多样的教学活动，激发学生的创造力和艺术表达能力。因此，美学教育的理论和实践成果对提高教师的教学能力具有重要意义。

6. 拓宽教师的专业视野

美学教育的理论和实践成果能够帮助教师拓宽自己的专业视野。美学教育涉及艺术、文化、哲学等多个学科领域，通过学习美学教育的相关内容，教师能够开阔自己的知识面，了解不同艺术形式和文化背景的艺术表达方式，深入了解各种艺术形式的发展历程和背后的思想观念。这种跨学科的学习和思考有助于教师更好地理解艺术与文化的关系，更全面地把握艺术教育的内涵和目标。教师能够从不同领域的知识中获得启发，将这些启发应用到自己的教学实践中，为学生提供更具有深度和广度的教育体验。

美学教育的理论和实践成果对教师培训具有重要的研究和借鉴价值。它们为教师提供了学科基础和教学理念，提供了教学参考和示范，促进了教师的专业发展，培养了教师的美学素养，提高了教师的教学能力，拓宽了教师的专业视野，促进了教师之间的交流与合作，以及提供了实践平台和资源支持。

（三）美学教育的需求促使教师培训的创新和发展

美学教育的需求对教师培训的创新和发展具有重要推动作用。教师培训机构和学校正积极响应这一需求，不断探索和创新，以适应时代的发展和教育的需求。

1. 开设多元化的培训课程

美学教育的需求促使教师培训机构和学校开设多元化的培训课程，以满足不同层次和需求的教师。传统的美学课程以美学理论为主，如美的概念、审美经验等内容。然而，随着美学教育的发展，新的领域和研究方向不断涌现，如数字美学、环境美学、身体美学等。因此，教师培训机构和学校需要根据教师的需求和学科发展趋势，开设与时代潮流和教育实践密切相关的培训课程，提供更多元化的学习机会。

2. 教学方法的创新

美学教育的需求推动了教学方法的创新。传统的教学模式注重知识传授和单向讲解，而美学教育的特点是强调学生的主体性、创造性和体验性。因此，教师培训机构和学校在培训过程中应探索采用启发式教学、问题解决教学、项目驱动教学等活动性和体验性教学方法，以激发教师的创造力，使学生主动参与，培养学生的审美能力和创造力。

3. 利用技术平台

随着信息技术的迅速发展，教师培训可以借助在线教育和虚拟实践等技术平台创新。在线教育为教师培训提供了更广泛的参与机会，教师可以根据自己的时间和地点选择培训课程，并与其他教师交流和分享。虚拟实践技术可以模拟真实的教学场景和艺术体验，提供更具身临其境的学习体验。教师培训机构和学校可以利用这些技术平台，开发在线课程、教学资源和社群互动，使教师能够更灵活地参与美学教育的学习和实践。

二、教师培训促进美学教育的实施

教师培训提高了教师的专业素养和教学能力，使他们能够更好地实施美学教育课程。教师培训通过提供教学资源和指导，支持教师在美学教育中实践和创新，提升美学教育的质量和效果。

（一）推动美学教育的创新与发展

教师培训鼓励教师在美学教育领域创新研究和实践，推动美学教育的创新与发展。培训机构与教育研究机构、艺术院校等合作，组织教师参与美学教育相关的研究项目和实践活动，培养教师的研究能力和创新思维。教师培训还鼓励教师参与美学教育课程的设计和改进，探索多样化的教学模式和方法，适应时代发展和学生需求的变化。通过教师的创新和实践，美学教育能够更好地满足学生的艺术修养需求，促进学生的全面发展。

1.研究与实践结合

教师培训机构与教育研究机构、艺术院校等合作，组织教师参与美学教育相关的研究项目和实践活动。这种研究与实践的结合能够提供实践基础，激发教师的研究兴趣和创新思维。教师通过参与研究项目，能够深入了解美学教育的理论与实践，发现问题并提出解决方案。同时，实践活动使教师能够将理论知识应用到实际教学中，不断探索和改进教学方法，推动美学教育的创新与发展。

2.多样化的教学模式与方法

教师培训鼓励教师参与美学教育课程的设计和改进，探索多样化的教学模式和方法。传统的美学教育常以讲授知识和欣赏作品为主，但随着教学理念的不断更新和学生需求的变化，需要采用更具创新性和互动性的教学模式与方法。教师培训提供了交流与学习的平台，可以分享不同的教学经验和成功案例，激发教师的教学创意和创新能力。教师可以尝试项目学习、合作学习、实践探究等方式，培养学生的主动性和创造性思维，提升美学教育的实施效果。

3.引入新技术与工具

教师培训还鼓励教师熟练应用新技术和工具，以提升美学教育的实施效果。现代技术的发展为美学教育带来了新的可能性。例如，虚拟现实、增强现实、在线教育平台等新技术和工具可以为学生提供更加身临其境的艺术体验和创作环境，激发他们的创造力和艺术表达能力。教师培训通过引入这些新技术与工具，帮助教师了解其原理和应用方法，使他们能够将其有效地应用于美学教育中。

（二）引入创新的教学技术和平台

随着科技的不断进步，教师培训也应与时俱进，引入创新的教学技术和平台，以促进美学教育的实施。在线教育平台、虚拟实践环境等创新工具为教师培训提供了更广阔的发展空间。教师可以通过在线教育平台获取专业知识、参与讨论和交流，丰富自己的美学教育资源。虚拟实践环境则可以为教师提供模拟艺术创作和欣赏的体验，帮助教师更好地理解艺术作品和创作过程。这些创新的教学技术和平台为教师提供了更灵活、便捷的学习方式，进一步促进了美学教育的实施和教师培训的发展。

1.在线教育平台

在线教育平台是一种通过互联网提供教学资源和交流平台的教育方式，它打破了传统教育的时空限制，能够随时随地地传递和获取教学内容。对美学教育而言，教师可以通过在线教育平台获取专业知识、教学资源和案例，参与讨论和交流，与其他教师分享经验和观点。在线教育平台为教师提供了广泛的学习资源，包括课程视频、学习材料、在线论坛等，使教师能够不受时间和地点的限制，开展个性化的学习和专业发展。教师可以通过在线教育平台学习美学教育的最新理论和实践，更新教学方法和策略，提高自身的专业素养和教学能力。此外，在线教育平台还提供了交流和合作的机会，教师可以与其他教师共同探讨美学教育的教学策略和经验，促进教学观念的交流和碰撞。

2.虚拟实践环境

虚拟实践环境是一种模拟现实场景的技术应用，通过计算机生成的虚拟环境，让学习者可以参与到虚拟的艺术创作和欣赏中。对美学教育而言，虚拟实践环境为教师提供了模拟和欣赏艺术创作的体验，帮助教师更好地理解艺术作品和创作过程。通过虚拟实践环境，教师可以带领学生参观虚拟的艺术博物馆、画廊或艺术工作室，观赏名画和雕塑作品，模拟艺术创作过程，提供沉浸式的艺术学习体验。虚拟实践环境还可以通过互动和个性化的方式激发学生的创造力和艺术表达能力。例如，在虚拟实践环境中，教师可以引导学生参与虚拟艺术创作，通过选择绘画、雕塑等工具和材料，开展艺术创作的模拟和实践。学生可以在虚拟环境中体验艺术创作的过程，尝试不同的创作技法和风格，探索个人的艺术表达方式。这种互动和个性化的学习方式可以激发学生的创造力，培养他们的艺术感知和审美能力。

3.数字工具

随着数字技术的发展，许多创新的数字工具已经应用于美学教育中，为教师培训和美学教育的实施提供了有力支持。数字工具包括艺术创作软件、影像处理工具、音乐编曲软件等，为教师和学生提供了更多实践和创新的机会。教师可以利用这些工具辅助教学，如使用艺术创作软件实践演示、利用影像处理工具展示艺术作品的细节和特点，或使用音乐编曲软件开展音乐创作和演奏。通过运用数字工具，教师可以更直观地展示艺术形式和创作技巧，激发学生的学习兴趣和创造力。同时，数字工具也提供了更多样化的评估方式，教师可以借助数字工具评价和反馈学生的艺术作品，促进学生的艺术成长和发展。

总结起来，引入创新的教学技术和平台是教师培训中促进美学教育实施的关键因素之一。在线教育平台、虚拟实践环境和数字工具为教师提供了更广阔、更便捷和更丰富的学习资源和教学手段。通过这些创新的教学技术和平台，教师能够不受时空限制，获得专业知识和资源，探索多样化的教学模式和方法，提升自身的专业素养和教学能力。

三、美学教育与教师培训的共同目标

美学教育和教师培训都致力于提升学生的艺术素养和综合能力，培养他们的审美情操和创造力。美学教育和教师培训都追求教师的专业发展和教育质量的提升，以促进学生的全面发展和教育的可持续发展。

（一）提升学生的艺术素养和综合能力

美学教育和教师培训都致力于培养学生的艺术素养和综合能力。美学教育注重培养学生对艺术的感知、理解和欣赏能力，培养他们的审美情操和艺术表达能力。教师培训则旨在提高教师的教学水平，使他们能够有效地传授美学知识，激发学生的艺术兴趣和创造力。通过共同努力，美学教育和教师培训可以协同发展，促进学生在艺术领域的全面发展。

1. 发展艺术感知和理解能力

美学教育和教师培训共同致力于提升学生的艺术感知和理解能力。美学教育通过学习和欣赏艺术作品，引导学生深入理解艺术形式、表现手法和意义，培养学生对艺术的感知和理解能力。教师培训则通过教师的专业培训提高他们在艺术领域的专业素养和教学水平，使其能够更好地引导学生感知和理解艺术。教师培训可以帮助教师深入研究艺术作品的背景、艺术家的创作意图和艺术风格，从而更好地传达给学生。通过教师的专业解读，学生能够更深入地理解艺术作品的内涵和价值，提升他们的艺术素养和鉴赏能力。

2. 培养审美情操和艺术表达能力

美学教育和教师培训共同致力于培养学生的审美情操和艺术表达能力。美学教育通过培养学生对美的感知和欣赏能力，引导他们发展出独特的审美情趣和审美标准。教师培训则通过培养教师的艺术表达能力，使他们能够有效地引导学生进行艺术创作和表达。教师培训可以提供创作技巧和艺术表达的方法，帮助教师更好地引导学生在艺术表达方面展现自己的想法和情感。通过美学教育和教师培训的共同努力，学生能够培养出独特的艺术表达能力，展示自己的创造力和想象力。

3. 激发学生的艺术兴趣和创造力

美学教育和教师培训共同致力于激发学生的艺术兴趣和创造力。美学教育通过提供丰富多样的艺术体验和参与机会，引导学生主动参与艺术创作和欣赏的过程，激发他们对艺术的热爱和探索欲望。教师培训可以帮助教师掌握多样化的教学方法和教学资源，通过启发式的教学方式，激发学生的艺术兴趣、创造力和想象力，培养他们对艺术的积极参与和创新思维。

（二）培养学生的审美情操和创造力

美学教育和教师培训都致力于培养学生的审美情操和创造力。美学教育通过艺术欣赏和创作活动，培养学生对美的感知和理解能力，激发他们的艺术创造力和想象力。教师培训则帮助教师掌握有效的教学方法和策略，能够激发学生的创造力和培养他们的艺术才能。通过共同的努力，美学教育和教师培训可以培养出更多具有艺术鉴赏能力和创造力的学生。

首先，美学教育通过艺术欣赏的活动，帮助学生培养审美情操。审美情操是人们对美的敏感性和鉴赏力，它能够让学生从艺术作品中感受到美的存在并理解艺术的内涵。美学教育通过向学生介绍各种艺术形式、风格和流派，引导他们深入欣赏艺术作品，从而提高他们的审美水平。教师培训则通过专业培训和教学指导，帮助教师掌握教学策略和方法，引导学生在欣赏艺术作品时发展自己的审美情操。教师培训不仅提供理论知识，还注重实践操作，使教师能够灵活运用各种教学资源和活动形式，激发学生对美的感知和理解能力。

其次，美学教育和教师培训共同致力于培养学生的创造力。创造力是指学生通过独特的思维方式和创意表达能力，在艺术创作和问题解决中展现出独特的才能和创新的能力。美学教育通过艺术创作的实践活动，鼓励学生表达自己的想法和情感，培养他们的创造力和想象力。教师培训则通过为教师提供创造性教学策略和资源，帮助教师激发学生的创造力和培养他们的艺术才能，提供教师与学生共同创作的机会，倡导学生在艺术探索中发挥个人的创造性思维，并提供艺术作品展示和评价的平台，鼓励学生在创作过程中展示自己的独特创意。

通过美学教育和教师培训的共同努力，可以促进学生的审美情操和创造力的培养。在美学教育中，培养学生的审美情操和创造力需要系统的课程设置和教学方法。美学课程应包括对不同艺术形式和风格的介绍，学生通过欣赏和分析艺术作品，逐渐培养出对美的感知和理解能力。同时，通过艺术创作的实践，学生有机会运用自己的想象力和创造力，表达个人的情感和观点。在课程设计中，可以采用多样化的教学方法，如小组讨论、实践演练、艺术品展示等，激发学生的积极参与和思考，培养他们的审美情操和创造力。

（三）提高教师的专业发展和教育质量

美学教育和教师培训共同追求教师的专业发展和教育质量的提升。美学教育需要有高水平的教师传授艺术知识和引导学生的艺术修养。教师培训机构则致力于提升教师的专业素养和能力，通过培训课程和活动帮助教师不断提高自身的教学水平和专业知识。教师的专业发展和教育质量的提升将直接影响到美学教育的实施效果和学生的学习成果。

首先，教师培训的目标之一是提高教师的学科知识和专业素养。美学教育需要教师具备扎实的艺术理论知识和专业技能，能够准确传达艺术概念和理论，引导学生深入理解和欣赏艺术作品。通过专业的培训课程和学习活动，教师可以不断更新自己的学科知识，了解最新的艺术发展动态，掌握教学内容的深度和广度，提升自身的学科素养。

其次，教师培训注重培养教师的教学能力和教学方法。美学教育并非仅传授知识，更需要培养教师激发学生创造力和培养审美情操的教学策略和方法。教师培训机构通过提供多样化的教学培训课程，如教学设计、课堂管理、教学评估等，帮助教师掌握有效的教学技巧和策略。这些培训内容旨在引导教师设计富有创造性和启发性的教学活动，鼓励学生的参与和思考，培养他们的艺术创造力和表达能力。

最后，教师培训还注重培养教师的反思和专业发展能力。通过培训机构提供的研讨会、研究项目和教学团队合作等活动，教师可以与同行交流合作，分享教学经验和教学成果，不断反思和改进自己的教学实践。这种专业发展的过程能够提高教师的教学效果和创新能力，为学生提供更丰富、深入的美学教育体验。

第二节 美学教育的定义和重要性

美学教育是指通过艺术、审美和美学理论的教学与培养，培养学生对美的感知、理解和欣赏能力，培养其审美情操和艺术表达能力的教育过程。它通过引导学生参与艺术创作、欣赏艺术作品和探索艺术领域，旨在培养学生全面发展、独立思考和创造力的综合能力。

一、美学教育的发展历程

美学教育的发展可以追溯到古希腊哲学家亚里士多德和柏拉图等人的思想。亚里士多德主张通过审美体验培养人的德行和智慧，而柏拉图则认为艺术是一种启迪灵魂的力量。随着时间的推移，美学教育逐渐成为一门独立的学科，并在教育体系中得到了广泛的应用。

（一）古希腊时期

古希腊哲学家亚里士多德和柏拉图为美学教育的思想奠定了基础。亚里士多德主张通过审美体验培养人的德行和智慧，他认为艺术可以激发人的情感和理性，并帮助人们更好地理解世界和自己。柏拉图则强调艺术的启迪作用，认为艺术是一种启迪灵魂的力量，可以帮助人们追求真理。

（二）文艺复兴时期

文艺复兴时期是美学教育发展的重要阶段。在欧洲文艺复兴运动中，艺术被视为人类思维和创造力的表达形式。人文主义思想的兴起使得美学教育受到更多的关注，人们开始重视艺术的教育价值，推崇个体的审美体验和创造力。艺术学院和学校开始设立专门的美学课程，培养学生的艺术素养和创造能力。

（三）近代教育改革

随着教育改革的推进，美学教育逐渐成为教育体系中的重要组成部分。在 19 世纪，德国教育家弗里德里希·弗洛布尔提出了美育的概念，强调通过艺术和审美体验促进人的全面发展。他认为美学教育可以培养人的感知能力、创造力和思维能力，使人在审美、伦理和认知等方面得到提升。这一思想影响了德国和欧洲其他地区的教育体系，将美学教育纳入了课程体系。

（四）当代教育实践

在当代教育实践中，美学教育不仅传授知识和技能，更加注重学生的参与和体验。现代美学教育强调学生的主体性，鼓励他们通过艺术创作、观察和欣赏发展自己的审美情操和创造力。教师在教学中扮演着引导和指导的角色，通过创设艺术活动和提供反馈，帮助学生探索艺术领域，培养他们的审美情操和创造力。同时，跨学科的教育方法也得到了广泛应用，将美学教育与其他学科融合，促进学生在多个领域的综合能力发展。

此外，随着科技的发展，美学教育也在不断探索利用新媒体和数字技术的可能性。虚拟现实、增强现实、在线艺术平台等工具为学生提供了更加丰富和多样化的艺术体验和学习机会。学生可以通过与数字艺术品互动、参与在线艺术展览和创作项目，拓宽视野、培养创造力，同时跨越地域和文化的限制，获得更广泛的艺术资源和交流机会。

除了学校教育中的美学课程，美学教育还在社会和社区层面得到重视。美术馆、博物馆、艺术机构等文化场所提供了丰富的艺术展览、工作坊和讲座等活动，为学生和社区居民提供了亲身参与和学习艺术的机会。这些场所也扮演着美学教育的角色，通过对艺术品的展示和解读，培养观众的审美情操和艺术鉴赏能力。

总体而言，美学教育的发展历程表明了人们对艺术教育的重视和需求。从古希腊哲学家到现代教育实践，美学教育不断演变和丰富，从单纯的艺术欣赏到培养学生的审美情操和创造力。在教育体系中，美学教育与教师培训紧密联系，共同致力于提高教师的专业发展和教育质量，以培养学生的艺术素养和综合能力。同时，美学教育也不局限于学校教育，通过社会和社区的参与，为更多人群提供艺术教育的机会和福利。

二、美学教育的教学方法

美学教育注重培养学生的实践能力和体验感知能力。在教学过程中，教师通常会组织学生参与各种艺术创作活动，如绘画、雕塑、音乐演奏等，以培养学生的艺术表达能力和创造力。此外，教师还会引导学生欣赏和批评艺术作品，通过分析和讨论加深学生对艺术作品的理解和感悟。

（一）创作活动

教师组织学生参与各种艺术创作活动，如绘画、雕塑、音乐演奏等。通过创作实践，学生能够亲身体验艺术创作的过程，发挥自己的想象力和创造力，表达自己的思想和情感。这种实践性的学习方法能够激发学生的创造力，培养他们的艺术表达能力。

1. 提供创作机会

在美学教育中，教师应该提供丰富多样的创作机会，使学生有机会探索不同的艺术形式和媒介。例如，教师可以组织绘画工作坊、雕塑研讨会、音乐创作比赛等，让学生在不同的艺术领域中创作实践。这样的机会可以激发学生的兴趣，激发他们对艺术的热情，同时也为他们展示自己的创作才华提供了平台。

2. 培养艺术表达能力

通过参与创作活动，学生可以学习和运用艺术表达的技巧和语言，发展自己的艺术表达能力。教师可以引导学生探索不同的艺术元素，如线条、色彩、形状、音调等，帮助他们了解这些元素对表达的重要性，并指导他们在创作中灵活运用。同时，教师还可以提供反馈和指导，帮助学生不断改进和提升自己的艺术表达能力。

3.鼓励自由创作与个性发展

在创作活动中，教师应该鼓励学生自由创作，让他们发挥个性和想象力，不受限制地表达自己的思想和情感。学生可以选择自己感兴趣的题材、风格和表现方式，通过创作展示自己独特的艺术观点和风格。这样的创作环境能够培养学生的创新精神和独立思考能力，促进他们个性的发展和艺术自我表达的能力。

（二）艺术作品欣赏和分析

通过对作品的细致观察和深入分析，学生可以了解作品的构图、色彩运用、表现手法等艺术要素，并进一步理解作品表达的主题、情感和意义。教师可以提出问题，引导学生思考作品的内涵和外在表现形式，培养学生的批判性思维和分析能力。

1.细致观察和描述

教师可以引导学生细致观察艺术作品，并通过描述作品的视觉元素和组织结构，如线条、形状、色彩、纹理、光影等，让学生更加深入地理解作品的艺术要素和形式特征。通过细致观察和描述的训练，学生可以提高对艺术作品的敏感度和表现力。

2.分析艺术要素

教师可以引导学生分析艺术作品的要素，如构图、色彩运用、质感表达、空间组织等。学生可以通过解构作品，研究艺术家在构图、色彩运用等方面的选择和运用，以及这些要素对作品产生的效果和意义。这种分析能力的培养可以让学生深入理解作品的艺术特点，并对其开展批判性评价。

3.探究主题和意义

教师可以引导学生探究艺术作品传递的主题和意义。通过分析作品中呈现的情感、思想、象征和隐喻等元素，学生可以深入理解作品表达的深层含义和艺术家的创作意图。同时，教师可以提出问题，激发学生的思考和讨论，培养他们的批判性思维和独立见解。

（三）艺术史和文化背景研究

美学教育也注重学生对艺术史和文化背景的学习和研究。教师可以组织学生学习艺术史，通过介绍不同时期和地区的艺术发展，让学生了解艺术作品所处的历史背景和文化环境。这种学习方法可以帮助学生更好地理解艺术作品的演变和影响，培养他们的文化意识和历史观念。

1.艺术史的学习

教师可以引导学生学习不同时期和地区的艺术发展历程。通过介绍不同艺术运动、艺术家及其作品，学生可以了解艺术的演变和变革，以及不同时期和风格对艺术创作的影响。同时，学生还可以学习到不同时期的艺术观念、审美观点和创作方法，为他们的艺术表达提供参考。

2.文化背景的研究

教师可以引导学生研究艺术作品所处的文化背景。通过了解作品所属文化的价值观、宗教信仰、社会制度、历史事件等，学生可以更好地理解作品表达的思想、情感和意义。

文化背景的研究可以帮助学生认识到艺术与社会文化的紧密联系，培养他们的文化意识和跨文化理解能力。

3. 艺术作品的社会影响

教师可以引导学生研究艺术作品对社会的影响和反响。通过分析作品在当时社会中的接受程度、引发的艺术运动或思潮的影响等，学生可以认识到艺术的社会功能和影响力。这种研究可以帮助学生理解艺术作品在历史进程中的地位和作用，以及艺术家对社会变革的参与和贡献。

（四）艺术家探究和模仿

教师可以引导学生深入了解著名艺术家的生平和艺术风格，探究他们的创作思想和表达方式。学生可以通过模仿艺术家的作品和创作风格，进一步理解艺术创作的技巧和特点，并在此基础上发展自己的创造力，发挥个人风格。

1. 艺术家生平和背景研究

教师可以引导学生研究著名艺术家的生平和背景，包括他们的成长环境、教育背景、艺术家族背景等。了解艺术家的生平经历可以帮助学生更好地理解其作品背后的动机和情感基础。此外，学生还可以通过了解艺术家在特定时代和文化背景下的创作环境，进一步理解艺术作品与社会、历史的联系。

2. 艺术风格和创作思想的研究

学生可以深入探究著名艺术家的艺术风格和创作思想。教师可以引导学生分析艺术家的作品特点、使用技巧和表现手法，以及他们在作品中传达的主题和情感。通过对艺术家的风格和思想的研究，学生可以扩展自己的艺术视野，丰富自己的创作语言和表达方式。

3. 艺术家作品的模仿与实践

学生可以通过模仿艺术家的作品和创作风格，进一步理解艺术创作的技巧和特点。模仿艺术家的作品可以帮助学生学习和掌握艺术的基本要素，如线条、色彩、构图等，同时也培养学生的观察力和绘画技巧。通过模仿和实践，学生可以在融入个人创意的同时，借鉴和发展艺术家的风格，逐渐形成自己独特的创作语言。

三、美学教育内容

美学教育内容包括对艺术作品的欣赏和批评，通过对不同艺术形式和风格的学习，可以培养学生对多样性和创新性的欣赏能力。

（一）艺术作品的欣赏与感知

美学教育的核心之一是培养学生对艺术作品的欣赏和感知能力。学生将学习如何主动观察、体验和理解艺术作品，将探索艺术作品中的形式、结构、色彩、质感以及作品所传达的情感和意义。通过对不同艺术形式（如绘画、雕塑、音乐、舞蹈、戏剧等）和不同艺术风格（如印象派、表现主义、抽象艺术等）的学习，学生将培养出对多样性和创新性的欣赏能力。

1.观察艺术作品的形式与结构

学生将学习如何仔细观察艺术作品的形式和结构，注意作品的线条、形状、比例、对称性等视觉元素，以及作品的结构组织方式，如平面构图、透视法、空间布局等。通过对形式与结构的观察，学生能够更好地理解艺术家在作品中运用的艺术语言和构图技巧，进而增进对作品的欣赏。

2.探索艺术作品的色彩与质感

学生将学习如何理解和感知艺术作品的色彩运用和质感表现。通过观察作品中的色彩组合、色调、明暗对比等，以及艺术家通过材料和绘画技法所呈现的质感效果，进一步理解作品所传达的情感和氛围，以及艺术家对色彩和质感的表现意图。

3.理解艺术作品的情感与意义

美学教育还着重培养学生理解艺术作品情感和意义的能力。学生将学习如何通过艺术作品表现的主题、情感和符号解读作品的内涵。通过探索作品所传达的情感状态，如喜悦、忧愁、挣扎等，并思考作品背后可能存在的意义和思想内核，能够与作品产生共鸣，并深入体验艺术作品带来的情感体验和思想启迪。

（二）艺术作品的批评与分析

美学教育还注重培养学生对艺术作品的批评和分析能力。学生将学习如何细致观察和分析艺术作品，探究作品的结构、表现手法、主题和象征意义等。他们将学习运用批判性思维和分析工具评估和解读艺术作品。通过批评性分析，学生可以深入理解作品背后的意图和艺术家的创作选择，培养独立思考和批判性思维。

1.细致观察与描述

学生将学习如何通过细致观察和描述揭示艺术作品的特点和细节。通过注意作品的构图、线条运用、色彩表现等方面，并用准确的语言描述作品的视觉效果，学生能够客观地捕捉作品的视觉要素，为后续的批评与分析奠定基础。

2.结构与表现手法分析

学生将学习如何分析作品的结构和艺术家所运用的表现手法。通过探究作品的构图方式、透视效果、画面的空间组织等方面，分析这些要素对作品整体效果的影响。此外，学生还将研究艺术家运用的绘画、雕塑、音乐等媒介的特点和表现手法，以更好地理解艺术作品的语言和技巧。

3.主题与象征意义解读

学生将学习如何解读作品所表达的主题和象征意义。通过分析作品中所呈现的情节、人物形象、符号和象征元素，探究这些元素背后所传达的意义，理解作品承载的深层信息和艺术家的创作意图，进一步拓展对作品的理解和思考。

4.批判性思维与评估能力

美学教育还培养学生的批判性思维和评估能力。学生将学习如何评估作品，并提出个人的批判性观点和见解。他们将运用批判性思维评判作品的艺术质量、创新性、表现力等方面，并通过论证和论据支持自己的观点。通过批判性思维与评估，学生能够培养独立思考和分析的能力，同时尊重不同的观点和多样化的审美标准。

四、美学教育的重要性

（一）培养学生的审美情操

审美情操是人对美的敏感和欣赏能力，是一种感知、理解和评价艺术的能力。通过对艺术作品的欣赏和理解，学生能够培养对美的敏感性，提高艺术作品的感知能力和品位水平，这对学生的整体素质发展和个人修养具有重要意义。审美情操的培养可以通过多样化的艺术体验和艺术创作实现。学生可以参观艺术展览、观看音乐会和舞蹈表演，接触不同类型和风格的艺术作品，从中感受艺术的美和情感的表达。同时，通过艺术创作，学生能够表达自己的内心世界和情感体验，培养个性和创造力。

首先，美学教育通过欣赏艺术作品培养学生的审美情操。学生可以通过参观艺术展览、观看音乐会、戏剧表演等方式接触各种形式的艺术作品。在欣赏的过程中，学生可以从艺术作品中感受到艺术家的创造力、情感和思想，通过观察、聆听和思考，逐渐提升对艺术的敏感性和品味水平。教师在此过程中起到引导和解读的作用，通过提供艺术作品的背景知识和艺术分析的方法，帮助学生深入理解和欣赏艺术作品，提升他们的审美情操。

其次，美学教育注重培养学生的艺术感知能力。艺术感知是指学生通过感官直观体验和感受艺术作品的能力。在美学教育中，学生会接触到不同类型和风格的艺术作品，如绘画、音乐、舞蹈、戏剧等。通过观察绘画作品的线条和色彩、聆听音乐的旋律和节奏、感受舞蹈的动作和表情，学生能够培养对艺术形式的感知能力。这种感知能力不仅提高了学生的艺术欣赏能力，还能够增强他们的观察力、注意力和细致性，对他们的整体学习和人生发展有积极影响。

最后，美学教育通过艺术创作培养学生的审美情操。艺术创作是学生通过艺术形式表达自己的思想、情感和想象力的过程。通过绘画、音乐、舞蹈、写作等艺术创作活动，能够培养学生独立思考、自我表达的能力和创造力。他们可以通过艺术创作将内心世界和情感体验转化为艺术作品，从而提升对艺术的理解和欣赏力。在艺术创作过程中，学生需要思考如何运用艺术元素和表现技巧传达自己的想法和情感，这促使他们培养批判性思维和创造性思维能力。通过与艺术家的对话和同学的交流，学生可以不断改进自己的创作技巧和表达方式，丰富自己的艺术语言和风格。

美学教育通过培养学生的审美情操，旨在让他们对美的感知和理解能力得到提升。审美情操的培养不仅影响到学生对艺术的欣赏和创作能力，还渗透到他们的生活方式和价值观念中。拥有良好的审美情操可以让学生更加敏锐地察觉美的存在，从而在日常生活中更加关注细节、追求卓越。此外，审美情操还培养学生的情感表达能力和社会情感，使他们能够更好地与他人沟通和交流。

通过艺术作品的欣赏和理解、艺术感知能力的培养以及艺术创作的实践，学生能够提高对美的感知和理解能力，培养艺术的欣赏能力和创造力。审美情操的培养不仅对学生的个人发展和个性塑造有重要意义，对他们的整体素质提升和终身学习能力的培养也起到积极作用。

（二）激发学生的创造力和想象力

创造力是指人们独特的思维方式和创新能力，是推动社会发展和个人成长的重要因素。美学教育通过启发学生的想象力和创造性思维培养，帮助他们发现新的艺术表达方式和解决问题的方法。创造力的培养可以通过艺术创作和艺术思维的训练实现。学生在艺术创作过程中，面对不同的题材和材料，需要运用想象力和创造力表达自己的想法和感受。教师可以通过引导学生开展创造性的艺术活动，如绘画、雕塑、音乐创作等，培养学生的创造性思维和表达能力。

美学教育通过艺术创作和艺术体验的方式激发学生的创造力和想象力。首先，艺术作品可以为学生提供丰富的创作素材，激发他们对世界的独特观察和感知。通过对艺术作品的欣赏，学生可以体验到艺术家的独特创造力和想象力，进而受到启发，培养自己的艺术创作能力。其次，艺术创作活动可以给学生提供自由表达和探索的空间，鼓励他们独立思考和尝试新的艺术表达方式。教师的角色是引导学生发现和发展自己的创造力，并提供必要的技巧和指导，同时给予学生足够的自由和鼓励，让他们敢于探索和尝试。

创造力的培养也需要培养学生的想象力。想象力是人类思维的一种能力，可以创造新的观念、形象和情节。美学教育可以通过引导学生开展想象性的艺术创作和观察，如艺术造型、戏剧表演和音乐演奏等，培养他们的想象力。同时，教师可以提供丰富的艺术资料和创作素材，引导学生开展想象性的探索和表达。在艺术教育中，学生可以通过改变角度、联想思维、设想场景等方式拓展自己的想象力。通过创造性的艺术活动和想象力的训练，学生可以不断发展和提高自己的创造力。

激发学生的创造力和想象力对他们的个人发展和未来的成功都具有重要意义。创造力和想象力不仅在艺术领域发挥作用，也可以在学生的学习、职业和生活中发挥作用。具备良好的创造力和想象力可以帮助学生更好地应对复杂的问题和挑战，提出独特的解决方案，并在不同领域展现出卓越的创新能力。

（三）培养学生的批判思维和批判性分析能力

艺术作品不仅是审美享受的对象，也是思考和探索的材料。通过对艺术作品的批判性分析，可以培养学生的批判思维和批判性分析能力。批判思维是指深入思考、评估和判断事物的能力，而批判性分析则是通过对艺术作品的细致观察和分析，挖掘其中的意义、主题和表达方式。这种能力的培养可以帮助学生发展独立思考、挑战传统观念的能力，并培养他们对艺术作品的独特见解和个人评价能力。

1. 培养独立思考能力

美学教育通过引导学生深入地思考和评价艺术作品，培养学生独立思考的能力。学生在面对艺术作品时，需要通过观察、分析和思考，形成自己的观点和评价。教师在教学过程中可以引导学生提出问题、探索艺术作品中的细节和主题，从而激发学生独立思考的能力。

2. 挑战传统观念

美学教育鼓励学生挑战传统观念，思考艺术作品背后的意义和表达方式。学生通过对艺术作品的批判性分析，可以突破传统的审美标准和观念，拓展自己的思维边界。这种批判性思维的培养使学生能够更加开放和包容，接受多样化的艺术表达形式和观点。

3. 文化意识

美学教育帮助学生理解和欣赏不同文化背景下的艺术作品，并培养学生对文化差异的批判性分析能力。学生通过研究和比较不同文化艺术作品，可以深入了解不同文化之间的共性和差异，拓宽自己的视野。这种文化意识的培养有助于学生更好地理解和尊重他人的文化背景，并在跨文化交流中表现出批判性思维和分析能力。

4. 发展审美判断能力

美学教育通过欣赏和分析艺术作品，培养学生的审美判断能力。学生通过观察和分析艺术作品，可以逐渐形成自己的审美标准和价值观，从而对艺术作品开展批判性评价。美学教育鼓励学生关注艺术作品的表现形式、艺术家的意图、作品与社会文化背景的关联等方面，从而形成独立、理性的审美判断。学生可以通过对作品的细致观察和批判性分析，评估作品的艺术质量、表达效果和传递的信息，培养自己的批判眼光。

总体而言，美学教育的目标是全面培养学生的审美情操和创造力，以及批判思维和批判性分析能力。通过艺术欣赏、艺术创作和艺术批判的综合训练，学生能够拓宽视野、丰富内涵，培养终身欣赏艺术的兴趣和能力，同时也能够应用所学的美学知识和技能，解决现实生活中的问题。美学教育目标的实现离不开教师的引导和学校的支持，通过优质的教师培训和课程设置，教师可以更好地指导学生，提高教育质量，使学生在艺术领域的素养和能力得到全面提升。

第三节　美学教育在教师培训中的角色和意义

一、教师培训的概念

教师培训是指为了提升教师的专业能力和教学水平，系统性地开展的一系列教育活动和学习过程。它旨在帮助教师不断更新知识、提高技能，并培养其教育理念和教学方法，以更好地应对教育领域中的挑战和需求。

（一）专业能力提升

教师培训旨在提升教师的专业素养和专业技能，使其具备教学所需的学科知识、教育理论和教学方法。通过系统的培训和学习，教师能够更好地理解学科内容、教学原则和教学策略，并能够将其应用于实际教学中。

1. 学科知识和教学内容的提升

教师培训通过系统的学科知识培训，使教师掌握所教学科的核心概念、原理和应用技能。教师需要深入了解学科的知识结构和发展趋势，了解学科内不同领域的相互联系和交叉应用。同时，教师还需学习如何将学科知识转化为有意义的教学内容，如何设计和组织教学活动，以及如何评估学生的学习成果。通过学科知识的提升，教师能够更准确地把握学生的学习需求，有效地传授知识，激发学生的学习兴趣和创造力。

2. 教育理论和教学策略的学习

教师培训注重教师对教育理论和教学策略的学习和应用。教育理论为教师提供了教育思想和原则的指导，帮助教师更好地理解教育的目标和价值观。教学策略则提供了多样化的教学方法和技巧，教师可以根据不同学生的特点和学习需求，选择合适的教学策略和教学资源。通过学习教育理论和教学策略，教师能够更加系统地规划和组织教学过程，提高教学效果。

3. 教学评估和反思能力的培养

教师培训还注重培养教师的教学评估和反思能力。教师需要学习如何有效地评估学生的学习成果和教学效果，以及如何根据评估结果调整和改进教学策略。教师还需要学习如何自我反思，审视自己的教学实践，不断提高自身的教学能力和专业素养。通过教学评估和反思的能力培养，教师能够更加客观地了解学生的学习情况和需求，更好地与学生互动和沟通，提供个性化的教育服务。

（二）教育理念的培养

教师培训不仅关注教师的教学技能，还致力于培养教师的教育理念和教育价值观。培训活动通过探讨教育的目标、教育原则和教育伦理等方面的内容，引导教师思考教育的意义和价值，并帮助他们树立正确的教育观念。

1. 教育目标的思考

教师培训通过引导教师思考教育的目标，帮助他们明确自己的教育追求和期望。教育目标是指教育活动追求的理想状态和学生应具备的能力和素养。教师需要思考如何通过自己的教学实践实现这些目标，并根据不同的教育阶段和学生特点进行相应调整。教育目标的思考可以帮助教师明确自己的教育定位，明确自己的角色和责任，从而更有针对性地开展教学工作。

2. 教育原则的理解和运用

教师培训注重培养教师对教育原则的理解和应用能力。教育原则是指教育活动中的基本规律和指导原则，如启发式教学、个性化教育、学生参与等。教师需要学习和理解这些原则，并能够在实际教学中灵活运用。教育原则的理解和应用有助于教师更好地规划教学过程、设计教学活动，并促进学生的全面发展。

3. 教育伦理的培养

教师培训还注重培养教师的教育伦理。教育伦理是指教师在教育过程中应遵循的道德准则和职业行为规范。教师作为教育者，需要具备高度的职业道德和责任感，保护学生的权益，尊重学生的个性。教师培训通过讨论伦理问题和案例分析，引导教师思考教育活动中的道德问题，并提供相关的伦理准则和指导原则。教师培训旨在培养教师秉持正确的价值观和职业道德，以身作则，成为学生的榜样。

（三）教学方法的更新

教师培训致力于帮助教师更新教学方法，使其能够灵活运用多样化的教学策略和教学资源。培训活动包括教学案例分析、教学技术培训、教学实践等，旨在拓宽教师的教学思路，提高教学效果和教学创新能力。

1. 多样化的教学策略

教师培训旨在引入多样化的教学策略，帮助教师丰富自己的教学方法。传统的一刀切式教学方式已不再适应当今多元化的学生群体和教育需求。教师培训可以介绍探索性学习、合作学习、问题解决、案例分析、游戏化教学等教学策略，使教师能够根据不同的教学目标和学生需求选择适合的教学方法，提高教学的效果和学生的学习动力。

2. 教学技术的应用

随着科技的不断发展，教师培训也注重教师对教学技术的应用能力的培养。教师可以学习如何利用教学技术工具，如多媒体教学、在线学习平台、教学管理系统等，增强教学的交互性和趣味性，提高学生的参与度和学习效果。教师培训还可以介绍创新的教学技术，如虚拟现实、增强现实、人工智能等，帮助教师了解并应用最新的技术在教学中，开拓教学的边界。

3. 教学实践的反思与改进

教师培训强调教学实践的反思与改进。教师在培训中将接受教学案例分析、教学观摩和教学实践的机会，通过观察他人的教学实践和经验，教师可以不断反思自己的教学方式和效果，寻找问题所在，并加以改进。教师培训还鼓励教师开展教学实践研究，将教学实践转化为教育研究的对象，通过科学的研究方法和数据分析，提炼出有效的教学策略和方法。

（四）教师发展的全程性

教师培训是一个长期的、全程性的过程。它并不仅限于教师职前培训阶段，还包括教师职业发展的各个阶段。教师培训应该是持续性的，为教师提供不断学习和成长的机会，以适应不断变化的教育需求和教学环境。

1. 教师职前培训

教师职前培训是教师从事教育工作前接受的专业培训。它提供了必要的学科知识、教育理论和教学技能，帮助教师建立起初步的教育素养和教学基础。在这个阶段，教师接受系统的教育学、心理学、学科教学法等课程的学习，同时开展实习和教学实践，为日后的教学工作打下基础。

2. 教师入职培训

教师入职培训是新任教师进入学校后接受的专业培训。它主要针对具体学校的特点和需求，帮助教师熟悉学校的教育理念、教学环境和教学资源。入职培训可以包括学校文化介绍、教学团队合作、学科教学方法的分享等内容，旨在帮助新教师尽快适应学校的教学要求，并与学校的教师团队建立良好的合作关系。

3. 在职教师培训

在职教师培训是教师在职期间接受的持续专业发展培训。它旨在帮助教师不断提升教学能力和专业素养，适应教育改革和学科发展的要求。在职教师培训包括教学研讨会、学科研究、教学观摩、专家讲座、学术会议等形式，通过与其他教师的交流和分享，激发教师的学习热情，促进教学实践的创新与改进。

4. 教师职业发展

教师培训也关注教师的职业发展。教师可以通过进修学习、攻读硕士、博士学位等途径，提升自己的学术能力和专业地位。同时，教师还可以参与教学项目的研究与开发、学科领导和管理职务的担任等，拓展自己的教育领域和职业发展空间。

教师培训是一个系统性、持续性和个性化的过程，旨在提升教师的专业能力、不断更新教育理念和教学方法，适应教育改革和发展的需要。它涵盖了教师的知识、技能、态度和价值观等多个方面，并以提高教师的教学水平和教育质量为目标。教师培训需要结合实际情况，灵活运用不同的培训方法和策略，以满足不同层次、不同领域教师的需求。

二、高校美学教育教师培训的现状分析

（一）需求与意识

高校教师逐渐意识到美学教育的重要性，开始关注美学教育教师培训。他们意识到通过培训可以提升美学素养和教育能力，提高美学教育的质量和效果。

1. 教学改革的要求

教育改革对高校教师提出了更高的要求，其中包括对美学教育的重视。随着课程改革的推进和教学模式的转变，高校教师需要不断更新自己的教学理念和方法，以适应新时代的教育需求。美学教育作为一门跨学科的教育领域，对教师的综合素质和专业能力提出了更高的要求。因此，教师意识到通过培训提升自己在美学教育方面的专业能力是必要的。

2. 学生需求的反应

学生对美学教育的需求也推动了高校教师培训的发展。随着学生的审美意识和艺术兴趣的提高，他们对接受高质量美学教育的需求也越来越强烈。作为教育者，高校教师意识到他们需要通过培训提升自己的教学能力，以更好地满足学生的需求并激发他们的学习兴趣和创造力。

3. 教师自身的发展动力

教师个人对自身发展的追求也是促使他们关注美学教育教师培训的重要因素。教师希

望通过培训提升自己的专业水平和教学能力，增强自己在教育领域的竞争力。同时，培训也为教师提供了继续学习和成长的机会，丰富了他们的教学经验和教育理念，促进个人职业发展。

高校美学教育教师培训的现状在需求与意识方面呈现积极的趋势。教师们逐渐认识到美学教育的重要性，希望通过培训提升自己的美学素养和教育能力。

（二）培训内容与方法

1.美学知识与理论培训

高校美学教育教师培训注重向教师传授美学的基本理论和知识体系。通过学习美学的概念、理论和方法，教师能够更好地理解美学教育的内涵和目标，为教学提供理论支持。

（1）美学流派和理论体系

培训会介绍美学领域的不同流派和理论体系，包括古代美学、现代美学以及当代美学的代表性理论。教师将学习各个流派的主要观点和理论框架，以拓宽自己对美学领域的认知，并能够在教学中引用相关理论分析和讨论。

（2）艺术形式与创作过程

教师还将学习不同艺术形式（如绘画、音乐、戏剧等）的美学特点和创作过程。他们将了解艺术形式的表现手法、艺术家的创作思路和艺术作品的内涵与价值。这将使教师能够更好地引导学生欣赏和理解不同艺术形式，并启发学生的创造力和审美能力。

（3）教育美学

教育美学是美学与教育相结合的领域，教师培训中也会涉及教育美学的基本理论和研究成果。教师将学习教育美学的概念、原理和应用，了解美学在教育过程中的作用和意义。这将帮助教师更好地将美学教育融入到自己的教学实践中，以促进学生的全面发展。

2.艺术实践与创作培训

美学教育强调对艺术作品的欣赏和创作能力的培养。因此，高校美学教育教师培训注重培养教师的艺术实践和创作能力，使其能够更好地引导学生开展艺术创作和表达。

（1）艺术实践的基本技能

培训课程将向教师传授艺术实践的基本技能，包括绘画、音乐、舞蹈、戏剧等艺术形式的基本技巧和表现方法。教师将学习各种艺术形式的基本要素、技巧和创作规律，以提升自己的艺术实践能力，并能够有效地指导学生开展艺术实践活动。

（2）艺术创作的过程与方法

教师将学习艺术创作的过程和方法，包括创作构思、表达技巧、作品完成等方面的内容。通过了解艺术创作的灵感来源、创作的意图和表达的手段，以及作品的评价与鉴赏，教师能够更好地指导学生艺术创作，并引导他们发展独特的艺术风格和表达能力。

（3）艺术实践与教学融合

培训还强调将艺术实践与教学融合，教师将学习如何将自己的艺术实践经验与教学内容相结合，设计并引导学生开展相关的艺术实践活动；还将学习如何通过艺术实践激发学生的创造力、想象力和表达能力，提高学生对艺术的理解和欣赏。

（4）艺术作品的评价与指导

培训还将向教师介绍艺术作品的评价标准和指导方法。教师将学习如何评价学生的艺术作品，提供有针对性的指导和反馈，帮助学生进一步提升艺术实践和创作能力。这将帮助教师更好地了解学生的艺术成长和发展情况，并能够根据学生的不同需求和水平，个性化地指导和支持他们的艺术实践和创作过程。

3.教学方法与策略培训

高校美学教育教师培训也关注教学方法和策略的培养。培训活动包括教学案例分析、教学技术培训和教学实践等，旨在帮助教师拓宽教学思路，提高教学效果和创新能力。

（1）教学方法的研究与探索

高校美学教育教师培训注重研究与探索各种教学方法。教师将学习和了解多种教学方法，包括讲授法、讨论法、案例教学、小组合作学习、问题解决等，以及它们在美学教育中的应用。通过深入研究和讨论不同的教学方法，教师可以选择适合自己教学风格和学生需求的方法，并将其灵活应用于教学实践中。

（2）教学策略的培养与应用

教师培训还强调培养教师的教学策略。教学策略是指教师在实施教学过程中采用的行动和决策，旨在促进学生的学习和发展。培训活动将帮助教师了解不同的教学策略，如启发式教学、探究式学习、反思性学习等，并探讨它们在美学教育中的应用。教师将学习如何根据学生的特点和学习目标选择合适的教学策略，并灵活运用于课堂实践中。

（3）教学案例分析与分享

在培训中，教师将分析与分享教学案例。教学案例是教师在实际教学中遇到的具体问题和挑战，通过分析和讨论教学案例，教师可以深入了解教学过程中的各种因素和影响，并找到解决问题的有效策略。教师可以分享自己的教学案例，与其他教师交流与讨论，从中获取经验和启示，并通过集体智慧不断优化自己的教学方法和策略。

（三）挑战与改进

1.培训资源不足

目前，高校美学教育教师培训面临着培训资源不足的挑战。美学教育的涵盖面广泛，需要丰富的教学案例、艺术作品和教学资源支持培训。因此，需要加强资源的整合和开发，为教师提供丰富多样的培训资源。

（1）教学案例的缺乏

美学教育强调对艺术作品的欣赏和分析能力的培养，而教师在培训过程中需要大量的教学案例引导学生的学习。然而，目前教学案例的整理和开发相对不足，教师在培训中面临案例资源匮乏的问题。缺乏丰富多样的案例限制了教师的教学体验和能力培养，所以需要加强对教学案例的整合、开发和分享，为教师提供更多的实际教学案例。

（2）艺术作品和教学资源的获取困难

在美学教育中，艺术作品的欣赏和分析是教学的重要组成部分。然而，高质量的艺术作品和教学资源获取存在困难。一方面，一些经典艺术作品受到版权和使用限制，教师在培训中难以获得充分的艺术作品资源。另一方面，艺术作品的多样性和丰富性使得教师在收集和整理方面面临一定的困难。因此，需要加强对艺术作品和教学资源的采集、整理和分享，以满足教师在培训中的需求。

（3）教学资源的更新与维护

美学教育领域发展迅速，新的艺术作品和教学资源不断涌现。然而，现有的教学资源在更新和维护方面存在一定的困难。一些培训机构或学校的资源更新不及时，无法跟上时代的发展和教学的需求，导致教师在培训中无法获得最新的教学资源。因此，需要建立有效的资源更新机制，定期审视和更新培训资源，确保教师能够获取到最新、最优质的教学资源。

2.培训方式与时间限制

高校美学教育教师培训往往面临时间限制和灵活性不足的挑战。教师们通常在繁忙的教学任务中很难抽出时间参与培训活动。此外，传统的面对面培训模式可能无法满足所有教师的需求。因此，需要探索灵活多样的培训方式，如在线课程、研讨会和远程培训等，以便更好地满足教师的学习需求。

（1）时间限制的挑战

教师在教学任务重时压力往往较大，难以腾出足够的时间参与培训活动。他们需要处理大量的教学准备、备课、批改作业等工作，导致难以安排额外的时间参与培训。此外，一些教师可能还需要兼顾家庭和个人生活，时间更为有限。因此，培训活动应考虑到教师的时间限制，合理安排培训计划，充分利用碎片化时间和假期等资源，提供灵活的培训方式，以便教师能够更容易参与其中。

（2）传统培训模式的限制

传统的面对面培训模式存在着一些限制，如地点限制、时间限制和参与人数限制。由于高校教师分布广泛且人数众多，集中面对面培训可能面临组织困难和成本高昂的问题。同时，传统培训模式难以满足教师个体差异的需求，教师们的背景、经验和学习风格各不相同，需要个性化的学习方式。因此，需要探索灵活多样的培训方式，如在线课程、研讨会和远程培训等，以便更好地满足教师的学习需求。

三、美学教育在教师培训中的角色和意义分析

美学教育在教师培训中扮演着重要的角色。通过接受美学教育，教师能够提升个人修养，拓展教学方法，加强与学生之间的互动和情感共鸣。

（一）提升教师的个人修养

美学教育注重个人感知、情感和审美能力的培养。教师作为教育者和引导者，其个人

修养对教学质量和教育效果起着重要的影响。通过接受美学教育，教师能够提升自身的情感表达能力、审美素养和艺术感知能力。教师对艺术作品的深入理解和欣赏，可以丰富其个人的文化底蕴和视野，进而影响到教学内容的呈现和教学方法的选择。

1.情感表达能力的提升

美学教育通过让教师接触和感知艺术作品，培养教师的情感表达能力。艺术作品通常以独特的方式传递情感和情绪，通过欣赏和理解艺术作品，教师能够更好地感知和体验其中蕴含的情感。教师可以学习如何通过语言、肢体和声音等方式表达情感，进而在教学中更加准确地传达自己的情感和意图。这有助于教师与学生之间建立更加亲密的情感联系，增强学习的温暖和人性化。

（1）艺术作品的情感表达

艺术作品是艺术家通过形式、结构、色彩、声音等元素表达自己情感和体验的媒介。这些作品不仅传递了艺术家的情感，也引发了观众的情感共鸣。教师通过接触艺术作品，可以更加敏锐地感知其中的情感，并理解情感的表达方式。艺术作品中丰富的情感元素可以激发教师的情感表达能力，使其能够更加准确地表达自己的情感和意图。

（2）教师情感与学生联系

教师的情感表达能力直接影响着其与学生之间的情感联系。情感是教育中重要的因素之一，它能够增强学习的温暖和人性化。当教师能够准确地表达自己的情感，学生更容易与其建立起亲密的情感联系。教师通过艺术作品的情感启发，学习如何通过语言、肢体和声音等方式表达情感，进而在教学中更加准确地传达自己的情感和意图。这种情感联系不仅有助于教师更好地理解学生的情感需求，也促进了学生对教学内容的接受和投入。

（3）提升教学效果和人际关系

教师的情感表达能力对教学效果和人际关系具有积极的影响。当教师能够准确地表达自己的情感，他们在教学过程中能够更加生动、有趣地呈现知识，激发学生的兴趣和参与度。教师情感的充分表达也有助于构建良好的师生关系和家校关系，增强沟通和理解，进一步促进学生的学习动力和学习成效。

2.审美素养的提高

美学教育着重培养教师的审美素养，使其能够更加敏锐地察觉和欣赏美的存在。教师通过学习艺术作品的形式、结构、色彩和质感等要素，可以培养对美的敏感性和理解力。教师提升美的敏感度后，能够更好地发现和创造美的元素，将其运用到教学活动中，提高教学的艺术性和吸引力。此外，审美素养还能够帮助教师更好地评估学生的作品和努力，给予更加恰当的赞美和建议。

（1）教师的审美教育与教学艺术性的提升

审美素养是教师教学艺术性的重要组成部分。通过美学教育的培训，教师能够学习艺术作品的形式、结构、色彩、质感等要素，进而培养对美的敏感性和理解力。教师的审美素养的提高使其能够更好地发现和创造美的元素，并将其运用到教学活动中。教师能够创造富有艺术性的教学环境，设计具有美感的教学材料和教学活动，使学生在美的氛围中学习，激发学生的学习兴趣和创造力。

（2）增强教师的艺术鉴赏能力

美学教育培养教师对艺术作品的鉴赏能力，使其能够更加准确地理解艺术作品的内涵和表达方式。教师通过学习不同艺术形式的作品，如绘画、音乐、舞蹈等，能够培养对不同艺术形式的欣赏和理解能力，从而能够更加客观地评估学生的艺术作品和努力，给予恰当的赞美和建议，促进学生的艺术成长和发展。

（3）提升教师的教学创新和想象力

审美素养的提高有助于教师培养创新思维和想象力。美学教育通过让教师接触和思考不同艺术作品的创作背后的理念和创新过程，激发教师的创造性思维。教师可以从艺术作品中获取灵感，将艺术的创新元素应用到教学设计和教学方法中，提供更加独特和更加有吸引力的教学体验。

3.艺术感知能力的培养

美学教育通过引导教师深入感知和理解艺术作品，培养其理解、体会作品表达思想、主题和情感的能力。教师通过观察、分析和解读艺术作品，学习如何发现和理解作品中的细节、符号和象征意义。这使得教师能够更好地理解学生作品中蕴含的意义和表达方式，更好地与学生沟通和互动。同时，艺术感知能力的培养还能够帮助教师更好地挖掘学生的潜力和才华，并鼓励他们在艺术创作和表达方面的发展。

（1）深化教师对艺术作品的感知和理解

通过美学教育的培训，教师能够学习艺术作品的观察、分析和解读方法，培养理解、体会作品表达的思想、主题和情感的敏感性。教师可以学习如何发现和理解艺术作品中的细节、符号和象征意义，从而更加深入地理解艺术作品蕴含的内涵，从而能够更好地感知和体验艺术作品，提升其对不同艺术形式的感知能力。

（2）提升教师与学生的沟通和互动

艺术作品常常以非语言的方式传递思想和情感，教师通过学习艺术感知能力，能够更好地理解学生作品中蕴含的意义和表达方式。教师可以运用艺术感知的知识和技巧，与学生开展深入的艺术对话和互动，帮助学生表达和展示他们的创造力和个性。这种沟通和互动不仅有助于教师更好地指导学生的艺术创作，也能够建立更加密切和积极的师生关系。

（3）发现和鼓励学生的潜力和才华

教师通过培养艺术感知能力，能够更好地挖掘学生的潜力和才华。教师能够通过对学生艺术作品的感知和理解，发现学生在艺术领域的特长和创造力，并鼓励他们在艺术创作和表达方面的发展。教师的艺术感知能力使他们能够更准确地评估学生的作品，给予恰当的赞扬和建议，促进学生的艺术能力成长和自信心的建立。

4.文化底蕴和视野的拓展

美学教育在教师培训中还致力于拓宽教师的文化底蕴和视野。通过学习不同艺术形式和风格的历史、背景和发展，教师能够了解不同文化背景下的艺术表达方式和艺术家的创作思想。这种跨文化的学习能够使教师拓宽自己的文化视野，增加对多样性和包容性的认识。教师对不同文化艺术的理解和欣赏，能够更好地促进学生的跨文化交流和理解，培养他们的国际意识和全球视野。

（1）丰富教师的文化底蕴

美学教育通过学习不同艺术形式和风格的历史、背景和发展，使教师了解不同文化背景下的艺术表达方式和艺术家的创作思想。教师通过学习不同文化艺术的传统和创新，能够拓宽自己的文化视野，丰富自己的文化底蕴。这使得教师能够更好地理解不同文化的价值观、思维方式和审美标准，为教学活动提供多元化的参考和引导。

（2）增强教师的跨文化交流和理解能力

教师通过学习不同文化艺术的表达方式和创作思想，能够更好地促进学生的跨文化交流和理解。教师的拓宽视野和跨文化学习经验使其能够更敏感地理解和欣赏学生来自不同文化背景的艺术作品和表达方式。教师能够通过艺术的语言和符号，搭建起跨文化的桥梁，促进学生之间的交流和合作，培养学生的国际意识和全球视野。

（3）促进学生的多元发展和创造力

教师通过丰富的文化底蕴和拓宽视野，能够为学生提供多样化的艺术经验和启发。教师能够引导学生欣赏和理解不同文化艺术作品，帮助他们认识到多样性和包容性的重要性。这能够激发学生的创造力和想象力，培养他们独立思考和批判性思维的能力。教师的文化底蕴和视野的拓展能够为学生提供更丰富的学习资源和创作灵感，促进他们的多元发展。

（二）拓展教学方法和教学资源

美学教育为教师提供了多样化的教学资源和方法。教师通过学习艺术形式、风格和创作过程，可以获得丰富的教学素材和案例，丰富教学内容和教学活动。例如，教师可以引入艺术作品的欣赏和分析，让学生通过观察和解读作品发展自己的思维能力和创造力。此外，教师还可以运用艺术创作的方法和工具，激发学生的学习兴趣和参与度，提高教学效果。

1. 多样化的教学素材

美学教育为教师提供了丰富多样的教学素材。教师可以借助艺术作品、艺术家的创作过程和背后的思想，引入新颖的教学内容和话题。例如，在语言艺术教学中，教师可以选取不同文学作品、诗歌和戏剧作品，通过学习和分析这些作品，学生可以提高语言表达能力、文学素养和批判性思维。在科学教育中，教师可以利用视觉艺术作品、科技创作和实验室设计等，激发学生的科学探究兴趣和创造力。

2. 创意教学活动的设计

美学教育鼓励教师在教学中运用创意和艺术元素。教师可以通过艺术创作的方式，设计创意教学活动，使学生更加主动地参与学习。例如，在音乐教学中，教师可以引导学生创作自己的音乐作品，培养音乐表达能力和创造力。在绘画和雕塑教学中，教师可以组织学生参与艺术创作活动，培养学生的观察力、空间想象力和手工技能。这些创意教学活动不仅能够提升学生的学科能力，还能够培养学生的合作精神、创造性思维和问题解决能力。

（三）加强与学生之间的互动和情感共鸣

美学教育培养了教师对艺术作品的感知和情感体验能力。教师可以通过艺术作品与学生开展情感共鸣和情绪交流，激发学生的情感参与和表达。艺术作品的观赏和分析可以成为教师和学生之间的沟通桥梁，帮助教师更好地了解学生的内心世界和个体差异，促进师生之间的互动和理解。同时，教师通过个人的情感体验和表达，也能够更好地与学生建立情感联系，增强师生之间的信任和共鸣。

1.情感共鸣的促进

美学教育通过让教师接触和欣赏艺术作品，培养了教师的情感体验能力。教师可以通过艺术作品传达的情感和情绪与学生建立共鸣，促进情感的交流和理解。艺术作品常常通过表现力丰富的形式和细腻的情感，触动人们内心深处的情感共鸣。教师可以借助艺术作品中表达的情感，与学生共同体验并表达内心的情感，进而增强与学生之间的情感联系。

（1）情感共鸣的理解和体验

美学教育通过让教师接触各种艺术作品，提供了丰富多样的情感体验。艺术作品以其独特的表现形式和情感表达，触动人们内心深处的情感共鸣。教师通过欣赏、解读和分析艺术作品，能够更好地理解作品传达的情感，并将其与自身的情感经验相连接。这种理解和体验的过程使教师能够更敏锐地察觉学生的情感需求和体验，并与之产生共鸣。

（2）情感共鸣的交流和表达

通过美学教育，教师不仅能够理解和感知情感，还能够学习如何通过语言、肢体和声音等方式表达情感。教师可以借鉴艺术作品中的情感表达方式，运用到教学中，通过声音的变化、肢体的动作和语言的抒发等方式，与学生建立情感共鸣的交流和表达。这种情感共鸣的交流和表达能够拉近教师与学生之间的距离，建立起更加亲密和信任的师生关系。

（3）情感共鸣的情感联系和理解

通过与艺术作品的情感共鸣，教师能够更好地理解学生的情感状态和需求。教师可以运用自身对艺术作品的理解和体验，与学生建立情感上的联系和理解。教师的情感共鸣能够让学生感受到被理解和被关怀，从而增强师生之间的情感联系。这种情感联系有助于教师更好地了解学生的内心世界，因而能够更好地指导学生的学习和发展。

2.情感表达的媒介

艺术作品作为一种非语言表达方式，为教师和学生之间的情感交流提供了媒介。有些学生可能更擅长通过视觉、音乐或舞蹈等方式表达自己的情感，而不是语言表达。通过引入艺术作品和艺术形式，教师可以提供给学生多样化的情感表达方式，为学生提供展示自我和与他人建立联系的平台。同时，教师自身的情感表达能力也可以通过艺术作品的观赏和分析得到提升，进而更好地与学生建立情感共鸣和沟通。

（1）多样化的情感表达方式

艺术作品提供了丰富多样的情感表达方式，涵盖了视觉艺术、音乐、舞蹈、戏剧等多种形式。对那些在语言表达上相对困难或不擅长表达的学生来说，通过艺术作品可以更直接、自由地表达内心的情感和情绪。教师可以引导学生通过视觉元素的运用、音乐的节奏和情绪表达、身体语言的运动等方式，通过艺术作品传达内心的情感和思想。这种多样化的情感表达方式能够满足不同学生的需求，让他们更自信地展示自己的情感世界。

（2）创造性的情感交流

艺术作品为学生提供了一个创造性的情感交流空间。学生可以通过创作艺术作品表达自己独特的情感和体验。教师可以鼓励学生通过绘画、写作、音乐创作等形式表达内心的情感，将个人经历和情感与艺术作品相结合。这种创造性的情感交流不仅可以增强学生的情感表达能力，还能够促进学生之间的交流和理解，建立起情感共鸣的联系。

（3）观赏与分析的互动

教师通过引导学生观赏和分析艺术作品，可以加强教师与学生之间的情感互动。观赏艺术作品时，学生和教师可以一同感受作品传递的情感和意义。教师可以提出问题、引导讨论，促使学生表达对作品的情感和感受。同时，教师也可以分享自己的观点和情感体验，与学生展开互动和讨论。这种观赏与分析的互动不仅促进了学生对艺术作品的理解，还加强了教师与学生之间的情感共鸣和交流。

3.理解个体差异和多元文化

艺术作品展示了不同个体的思想、经历和文化背景。教师通过对艺术作品的研究和欣赏，能够更深入的理解个体差异和多元文化。这种理解有助于教师更好地了解学生的个性特点、文化背景和兴趣爱好，进而在教学中更加关注个体差异，创造包容和多样化的教育环境。通过与学生共同欣赏和分析艺术作品，教师能够与学生建立跨文化的情感共鸣和互动，促进跨文化交流和理解。

（1）深入理解个体差异

艺术作品展示了不同个体的独特思想、情感和经历。教师通过欣赏和分析艺术作品，能够更深入地理解学生的个体差异。艺术作品中表达的情感、意义和主题可以启发教师对学生的内心世界和个性特点的理解。教师能够更敏锐地察觉学生的情感需求、兴趣爱好和学习方式，从而更好地满足学生的学习需求，个性化地指导和支持学生的发展。

（2）关注多元文化背景

艺术作品反映了不同文化背景下的艺术表达方式和艺术家的创作思想。教师通过研究和欣赏多元文化的艺术作品，能够拓宽自己的文化视野，增加对多样性和包容性的认识。这种跨文化的学习使教师能够更好地理解和尊重学生的多元文化背景，同时也能够促进学生对其他文化的认知和理解。教师通过与学生共同探索和讨论艺术作品，可以促进跨文化交流和理解，建立起多元文化的情感共鸣。

（3）创造包容性的教育环境

通过理解个体差异和多元文化，教师能够创造一个包容性和多样化的教育环境。教师可以针对不同个体的需求和兴趣，提供个性化的学习资源和支持。同时，教师也能够借鉴多元文化艺术作品的表达方式，创造多样化的教学方法和活动，激发学生的创造力和参与度。这样的教育环境能够增强学生的归属感和自尊心，促进师生之间的情感共鸣和互动。

第四章　康斯坦茨困境讨论法的理论探析

第一节　康斯坦茨困境讨论法的理论基础和原则

一、康斯坦茨困境讨论法的理论基础

KMDD 的理论基础主要涉及社会心理学、协商理论和决策科学。它借鉴了社会心理学中的对话和合作理论，协商理论中的利益相关者参与和共同决策原则，以及决策科学中的问题解决和决策分析方法。

（一）社会心理学的理论基础

对话和合作理论是社会心理学中的一个重要理论框架，强调人际互动和信息交流的重要性。康斯坦茨在 KMDD 方法的发展中借鉴了对话和合作理论，认识到通过有效的对话和合作可以促进共识和合作，解决决策中的困境和冲突。

1. 对话和合作理论

对话和合作理论认为，通过有效的对话和合作，可以促进参与者之间的理解、共识和合作解决问题。

KMDD 方法借鉴了这一理论，强调在决策制订过程中，通过积极的对话和合作，参与者可以共同探讨问题、分享信息、表达意见，并共同努力解决决策中的困境和冲突。

2. 参与者间的互动和沟通

社会心理学强调参与者之间的互动和沟通对合作和共享责任的重要性。

KMDD 方法重视参与者之间的积极互动和有效沟通，鼓励参与者分享自己的知识、经验和观点，以便更全面地理解决策问题，共同寻找最佳解决方案。

3. 合作决策的社会认同感

社会心理学研究表明，合作决策能够增加参与者的社会认同感和满意度。

KMDD 方法通过鼓励参与者的合作和共享责任，旨在建立一种合作性的决策环境，使参与者能够更好地共同参与决策过程，增强他们对决策结果的接受度和满意度。

KMDD 方法的社会心理学理论基础包括对话和合作理论、参与者间的互动和沟通，以及合作决策的社会认同感。这些理论框架为 KMDD 方法提供了深入的理论支持，使其能够在决策制订过程中有效地处理困境和冲突，促进参与者之间的合作和共享责任，提高决策的质量和可行性。

（二）协商理论的理论基础

协商理论强调利益相关者的参与和共同决策原则、利益相关者权力平衡以及利益相关者合作与冲突解决。这些理论构建了 KMDD 方法的基础，帮助决策者克服决策中的困境和冲突，促进合作和共同承担责任。

1.利益相关者参与和共同决策原则

协商理论认为，决策制订应该充分考虑各利益相关者的观点和利益，通过积极参与和共同决策，增加决策的公正性和可行性。

KMDD 方法将这一原则应用于实践中，鼓励利益相关者在决策过程中发表意见、提供信息，并参与共同决策，以充分反映多样化的观点和利益。

2.利益相关者权力平衡

协商理论关注利益相关者之间的权力平衡和利益的公平分配。

KMDD 方法重视建立一个平等、开放和透明的决策环境，以确保各利益相关者的权力得到平衡，并鼓励他们在决策中发挥作用。

3.利益相关者合作与冲突解决

协商理论强调利益相关者之间的合作和冲突解决对决策制定的重要性。

KMDD 方法通过组织有目的性的团队讨论、提供有效的沟通渠道和冲突解决机制，促进利益相关者之间的合作与协商，以解决决策中的困境和冲突。

KMDD 方法的协商理论基础包括利益相关者参与和共同决策原则、利益相关者权力平衡以及利益相关者合作与冲突解决。这些理论原则为 KMDD 方法提供了指导，帮助决策者构建公正、平衡和合作的决策环境，克服决策中的困境和冲突，达到更好的决策结果。

（三）决策科学的理论基础

决策科学提供了一系列问题解决和决策分析方法，能够处理决策过程中的复杂性和不确定性，并强调对决策结果的评估和反馈。KMDD 方法在决策科学的基础上发展，将这些方法与合作决策过程结合，以促进团队的协作和共享责任。

1.问题解决和决策分析方法

决策科学提供了多种问题解决和决策分析方法，如决策树、多属性决策分析、成对比较和 SWOT 分析等。

KMDD 方法运用这些方法，帮助参与者更系统地分析和评估不同的选择方案，从而促进团队成员之间的合作和共同决策。

2.决策的复杂性和不确定性处理

决策科学研究决策过程中的复杂性和不确定性，并提供相应的分析方法和技术。

KMDD 方法意识到决策中的复杂性和不确定性，并通过引入多个参与者的视角和知识，能够更全面地考虑各种因素，以更好地处理决策的复杂性和不确定性。

3.决策结果的评估和反馈

决策科学强调评估和反馈决策结果，以改进决策过程和提高决策质量。

KMDD 方法注重参与者的共同学习和反思，通过对决策结果的评估和反馈，不断改进决策方法和提升团队的决策能力。参与者可以从已经做出的决策中学习，并在下一次决策中应用这些经验和教训。

决策科学为康斯坦茨困境讨论法提供了理论基础。它包括问题解决和决策分析方法、处理决策的复杂性和不确定性、决策结果的评估和反馈，以及决策效率和优化等方面的理论原则。KMDD 方法运用这些理论基础，通过结合合作决策的特点，帮助参与者共同面对困境和冲突，做出更好的决策。通过借鉴决策科学的方法和技术，KMDD 方法能够提供更系统、更全面和更有效的决策支持，促进参与者的合作和共同责任，从而实现更好的决策结果。

（四）KMDD 方法的综合理论基础

KMDD 方法的综合理论基础涵盖了社会建构主义理论、情境理性理论和协同决策理论等方面。这些理论为 KMDD 方法提供了深入的理论支持和指导，使其能够应对决策制订中的困境和冲突，促进参与者的合作和共享责任。

1. 社会建构主义理论

社会建构主义理论认为，个体的认知和行为是通过社会互动和对话构建的，决策是一种社会共同建构的结果。

KMDD 方法将决策视为多个参与者之间的协作和建构过程，强调通过对话和互动共同解决决策中的困境和冲突。

参与者的观点和意见在 KMDD 方法中被认为是相对的，通过多方交流和共享信息，不同观点可以被整合和协商，达成共识。

2. 情境理性理论

情境理性理论强调决策制订需要考虑到决策所处的具体情境和环境因素。

KMDD 方法通过团队讨论和信息共享，使参与者更好地理解决策情境的复杂性和多样性，以便做出适应性更强的决策选择。

KMDD 方法注重收集和整合来自不同参与者的信息和知识，从而更全面地评估情境因素对决策的影响，提高决策的效度和有效性。

3. 协同决策理论

协同决策理论关注团队决策中的协作和协调机制，强调团队成员之间的互动和共享责任。

KMDD 方法与协同决策理论相契合，通过促进团队成员之间的合作和共同决策，可以实现资源的共享、知识的整合和责任的共担。

KMDD 方法通过鼓励开放的沟通和积极的团队协作，能够充分发挥团队成员的专业知识和经验，共同寻求解决方案，并减少决策过程中的冲突和不一致性。

KMDD 方法的综合理论基础包括社会建构主义理论、情境理性理论和协同决策理论等。这些理论为 KMDD 方法提供了深刻的理论基础，为决策制订提供了系统性的指导和方法。通过整合这些理论基础，KMDD 方法能够在决策过程中应对各种挑战和困境，提高决策的质量和效果。

二、康斯坦茨困境讨论法的原则

康斯坦茨困境讨论法是一种用于促进理性讨论和达成共识的原则和方法。它强调在讨论中解决困境和矛盾，并寻求共同利益和合作。

（一）公正和平等原则

康斯坦茨困境讨论法强调公正和平等的原则。在讨论中，每个参与者都应该被平等对待，他们的观点和意见都应该被认真考虑，没有人的意见会被忽视或歧视。公正和平等原则确保了每个参与者都有平等的发言权和表达意见的机会，从而确保讨论的公正性和有效性。

1. 平等的发言权

公正和平等原则要求每个参与者在讨论中享有平等的发言权。无论是教育环境中的学生与教师、团队中的成员与领导者，还是社会中的各方利益相关者，每个人都应该有机会表达自己的观点、意见和建议。这种平等的发言权确保了讨论的多样性和包容性，使得不同的声音和观点能够被听到和考虑。

2. 尊重多元观点

公正和平等原则强调尊重和包容不同的观点和意见。讨论应该提供一个安全和开放的环境，鼓励参与者自由表达自己的看法，而不会受到歧视或压制。尊重多元观点意味着参与者需要以开放的心态对待不同的意见，愿意倾听和理解他人的观点，并通过对话和讨论寻求共识和解决方案。

3. 平等的机会和资源分配

公正和平等原则要求确保每个参与者在讨论过程中有平等的机会和资源分配。这意味着不应有人被排除在讨论之外，也不应有人在资源分配方面受到不公平待遇。平等的机会和资源分配有助于消除权力不平衡和特权，确保讨论的公正性和公平性。

4. 尊重个体差异和多样性

公正和平等原则还要求尊重个体差异和多样性。每个参与者都有独特的背景、经验和观点，这些差异应该被尊重和重视。在讨论中，应该考虑到不同参与者的文化、性别、种族、年龄、能力等方面的多样性，避免对特定群体的偏见或歧视。这种尊重个体差异和多样性的态度有助于建立包容和平等的讨论环境。

（二）合作与共同利益原则

康斯坦茨困境讨论法鼓励参与者之间的合作和寻求共同利益。讨论的目标是通过协商和合作找到解决问题的方案，而不是仅追求个人或特定群体的利益。参与者应该以合作的态度参与讨论，寻求互利的解决方案，使得所有相关方都能够从讨论中获益。这种合作与共同利益的原则有助于减少冲突和分歧，促进理性和建设性的讨论。

1. 协商与合作

康斯坦茨困境讨论法鼓励参与者之间的协商和合作。讨论的目标是通过合作努力寻求共同的利益和解决方案，而不是采取竞争或对立的态度。参与者应该愿意听取他人的观点和意见，并试图找到彼此之间的共同点和共同目标。通过协商和合作，参与者可以共同努力解决问题，实现更大的利益。

2. 共同利益的追求

在康斯坦茨困境讨论法中，参与者应该追求共同的利益而非个人或特定群体的利益。讨论的目标是找到对所有相关方都有益处的解决方案，而不是为了满足个人或特定群体的需求而忽视其他人的利益。参与者应该具有开放的心态，考虑整体的利益，包括集体和公共利益。通过共同利益的追求，参与者可以建立共识，并达成持久和可持续的解决方案。

3. 创造性解决方案

合作与共同利益原则鼓励参与者寻求创造性的解决方案。参与者应该开放思维，积极探索不同的选项和可能性，以寻找最佳的解决方案。这种创造性的解决方案可能会涉及双赢的局面，通过权衡和妥协满足各方的利益和需求。通过共同努力寻找创造性解决方案，参与者可以超越狭隘的利己主义，促进整体的协作和发展。

4. 价值观的共享

合作与共同利益原则强调参与者之间的价值观共享。参与者应该相互尊重并致力于建立共同的价值观和目标。这些共享的价值观可以成为协商和合作的基础，帮助参与者更好地理解和关注彼此的利益和关注点。通过共享价值观，参与者可以建立更深入的情感联系和互信，从而更好地合作解决问题。

5. 开放地沟通与倾听

在康斯坦茨困境讨论法中，开放的沟通和倾听是实现合作与共同利益的关键。参与者应该以开放的态度沟通，包括分享自己的观点和意见，同时也要倾听他人的观点和意见。这种开放的沟通和倾听可以促进相互理解和共享信息，帮助参与者更好地认识到彼此的需求和利益。通过有效地沟通和倾听，参与者可以建立起更加良好的合作关系，加强彼此的情感共鸣和团队凝聚力。

6. 灵活地妥协

合作与共同利益原则鼓励参与者展现灵活性和妥协的精神。在讨论过程中，不同的观点和意见可能存在冲突和差异。为了达成共同的利益和解决方案，参与者需要表现出灵活性，并愿意做出妥协。这意味着他们需要以开放的态度对待他人的观点，并主动寻求达成平衡和共同的利益。通过灵活地妥协，参与者可以克服障碍，推动合作与共同利益的实现。

公正和平等原则确保每个参与者都有平等的发言权和表达意见的机会，使讨论过程更加公正和有效。而合作与共同利益原则促使参与者以合作的态度寻求共同的利益和解决方案，实现持久的合作关系和共同发展。通过遵循这两个原则，康斯坦茨困境讨论法可以帮助参与者克服困境，实现合作与共同利益的目标。

（三）理性和证据导向原则

康斯坦茨困境讨论法倡导理性和证据导向的讨论。参与者应该基于事实和理性思考支持自己的观点和意见，并愿意接受他人提供的证据和理由。这种理性和证据导向的原则有助于避免主观偏见和无效的争论，促使讨论更加客观有效。通过共享信息和理性分析，参与者可以共同探讨问题，并寻找最佳的解决方案。

1. 理性思考与分析

康斯坦茨困境讨论法强调参与者应该进行理性思考和分析。这意味着参与者应该基于逻辑和理性原则推导和评估观点，并避免情绪化或主观偏见的干扰。理性思考有助于提高讨论的质量，使参与者能够从更全面和客观的角度理解问题和寻找解决方案。

2. 基于事实的证据

参与者应该基于事实和可靠的证据支持自己的观点和意见。这意味着参与者需要研究和调查，收集相关数据和信息，并运用这些证据支持自己的主张。通过依据事实和证据讨论，可以提高讨论的可信度和说服力，从而促进有效的讨论和决策。

3. 批判性思维

康斯坦茨困境讨论法鼓励参与者展现批判性思维的能力。批判性思维包括评估和分析观点和论据，质疑和挑战不合理或不充分的推理，以及提出合理的反驳和反证。通过批判性思维，参与者能够更深入地探讨问题的各个方面，推动讨论的深入和发展。

4. 信息共享与透明度

参与者应该共享信息并保持透明度，以确保讨论的理性和证据导向。这意味着参与者应该提供相关的背景资料、研究报告、统计数据等信息，以便其他人了解背景。同时，参与者也应该公开展示自己的研究方法和数据来源，以确保信息的可靠性和可验证性。

（四）开放和包容性原则

康斯坦茨困境讨论法强调开放和包容性的原则。参与者应该对不同的观点和意见持开放的态度，并愿意接受不同的观点和观点的存在。讨论应该鼓励多样性和多元化的观点，允许参与者自由表达自己的看法，而不受歧视或压制。

1. 尊重多样性

康斯坦茨困境讨论法强调尊重多样性。参与者应该意识到每个人都有不同的背景、经验和价值观，并愿意接受这种多样性。应该提供一个平等和开放的讨论环境，鼓励不同观点的表达和交流。这种尊重多样性的态度有助于促进更广泛的讨论和思考，从而提供更全面和综合的解决方案。

2. 自由表达

康斯坦茨困境讨论法鼓励参与者自由表达自己的观点和意见。参与者应该感到可以自由、无拘束地表达自己的看法，不受到歧视、压制或恶意批评的影响。自由表达有助于激发创造性思维和创新的想法，为讨论提供更多的可能性和选择。

3.接受不同观点

参与者应该愿意接受和尊重不同的观点。这意味着他们应该保持开放的心态，积极倾听他人的观点，并试图理解和学习。接受不同观点有助于促进对话和交流，激发创新思维和新的解决方案的出现。

4.平等对待

康斯坦茨困境讨论法要求参与者平等对待他人的观点和意见。参与者不应根据个人偏见或特定身份属性评判和排斥他人的观点。讨论应该建立在平等和公正的基础上，确保每个人都有平等发言的机会和权利。

5.尊重和建设性对话

参与者应该尊重彼此，在讨论中保持建设性的对话。这意味着避免攻击性的言辞、人身攻击或恶意批评。相反，参与者应该以友善和尊重的态度参与讨论，鼓励建设性的讨论和合作。

6.推动共识和合作

康斯坦茨困境讨论法的开放和包容性原则旨在促进共识和合作。参与者应该通过积极的互动和合作，寻求共同的理解和解决方案。他们可以通过倾听他人的观点、寻求共同点和妥协，以及集思广益，共同努力达成共识。这种推动共识和合作的态度有助于在讨论过程中建立良好的合作关系，提高讨论的效果和成果。

7.鼓励创新和思维的多样性

康斯坦茨困境讨论法的开放和包容性原则鼓励参与者展现创新和多样化的思维方式。参与者应该提出新颖的观点和想法，并充分利用创造力和独特的视角丰富讨论。通过鼓励创新和思维的多样性，讨论可以获得更多的创意和解决方案的可能性，推动问题的全面审视和理解。

8.培养共享和学习的文化

康斯坦茨困境讨论法的开放和包容性原则鼓励参与者培养共享和学习的文化。参与者应该愿意分享他们的知识、经验和见解，以便让其他人受益，也应该愿意从他人那里学习，并对他人的贡献表示感激和尊重。通过培养共享和学习的文化，讨论可以成为一个相互学习和成长的机会，促进知识的传递和智慧的积累。

9.建立信任和安全感

康斯坦茨困境讨论法的开放和包容性原则要求建立信任和安全感。参与者应该感到安全，放心地表达自己的观点，而不用担心被批评或指责；也相信其他参与者也会以同样尊重和包容的态度对待他们。建立信任和安全感有助于创造一个开放、宽容和有益的讨论氛围，促进参与者的积极参与和贡献。

总结而言，康斯坦茨困境讨论法的开放和包容性原则强调尊重多样性、自由表达、接受不同观点、平等对待、尊重和建设性对话、推动共识和合作、鼓励创新和思维的多样性、培养共享和学习的文化以及建立信任和安全感。这些原则共同构成了一个积极、包容和富有成效的讨论环境，有助于解决康斯坦茨困境中的问题并推动合理的决策。

第二节 KMDD 的四个步骤

KMDD（Konstanz Method of Dilemma Discussion）是一种用于处理困境性议题的讨论方法，包括四个步骤：议题界定、简短陈述、理解和回应、修正立场。这些步骤旨在引导参与者深入思考和探讨复杂问题，并促进对话的理性和建设性。

一、议题界定

在 KMDD 的四个步骤中，第一步是明确定义讨论的议题。这意味着将困境性议题具体化和明确化，以确保参与者对讨论的焦点和目标有清晰的了解。议题界定的关键是确保问题具有一定的争议性和复杂性，能够引发参与者的兴趣和思考。在议题界定阶段，参与者需要全面研究和准备议题，收集相关信息和材料，以便能够在后续的讨论中提供有根据的观点和意见。同时，参与者应该明确讨论的目的和期望结果，以便为讨论设定一个明确的框架。在议题界定阶段，有四个关键方面需要考虑和详细探讨。

（一）确定困境性议题

首先，需要明确确定讨论的困境性议题。这个议题应该是具有一定争议性和复杂性的，能够引发参与者的兴趣和思考。一个好的困境性议题应该具备多个不同的观点和利益冲突，涉及伦理、道德、社会公正等方面的问题。通过选择一个具有挑战性的议题，可以激发参与者的思考和探索，促进讨论的深度和广度。

1.争议性

一个困境性议题应当引发参与者的争议和思考。它应该能够激发不同观点和立场之间的辩论和讨论，而不是得到一个明显的答案或共识。争议性使参与者能够从不同的角度看待问题，并探索可能的解决方案。

2.复杂性

困境性议题应当是复杂的，涉及多个相关因素和变量。它不应仅仅是一个简单的问题或单一的原因。复杂性可以包括各种因素的相互作用、不确定性、权衡和取舍。这种复杂性使参与者需要深入思考和研究，以便更好地理解问题的本质和挑战。

3.多样性的观点和利益冲突

一个困境性议题通常涉及多样性的观点和利益冲突。不同的人可能持有不同的观点、价值观和利益，这导致了不同的立场和冲突。困境性议题要求参与者在尊重他人观点的基础上，通过深入的对话和辩论，理解不同观点之间的差异和冲突，并寻找可能的解决方案。

4.伦理、道德和社会公正的问题

困境性议题往往涉及伦理、道德和社会公正等方面的问题。这些问题涉及人类价值观和社会规范，对参与者而言具有重要的意义。通过讨论这些议题，参与者可以探索不同的道德和伦理观点，并思考如何在困境中实现社会公正。

（二）收集相关信息和材料

在议题界定之后，参与者需要全面地研究和准备，收集与议题相关的信息和材料，方式有文献阅读、调查研究、采访专家等。通过收集和了解各种信息来源，参与者可以获得更全面和客观的视角，并为后续的讨论提供有根据的观点和意见。

1.文献阅读

参与者可以通过阅读相关的学术文献、研究报告、政策文件等收集信息。这些文献可以来自学术期刊、书籍、会议论文等，它们提供了关于议题的理论框架、背景知识和先前的研究成果。通过仔细阅读和分析文献，参与者可以了解议题的历史演变、关键概念和理论模型等。

2.调查研究

除了文献阅读，参与者还可以调查研究，以收集实证数据和实地观察。调查研究包括设计问卷调查、进行采访或观察等方法。通过收集调查数据，参与者可以了解不同群体的观点、态度和行为，从而更好地理解议题的现实情况和社会影响。

3.采访专家

与专家面对面交流和采访是获取深入洞察和专业知识的重要途径。参与者可以寻求相关领域的专家，与他们访谈或开展小组讨论。专家的经验和见解可以提供对议题的独特观点和专业知识，帮助参与者深入了解议题的复杂性和现实挑战。

4.网络和多媒体资源

参与者还可以利用互联网和多媒体资源获取信息和材料。网络提供了广泛的在线数据库、新闻报道、社交媒体平台等资源，可以帮助参与者了解最新的研究进展、实际案例和公众舆论等。参与者可以搜索相关的关键词、参与在线论坛和社群讨论，以获取不同观点和意见。

5.综合和分析信息

在收集了相关的信息和材料之后，参与者需要综合和分析这些信息。他们可以整理和归纳收集到的信息，将其分类和组织，以便更好地理解议题的不同方面和观点。这可以通过制作笔记、编写摘要、绘制概念图等方式实现。参与者应该注重信息的准确性和可靠性，确保基于可信的来源实行分析和判断。

在综合和分析信息的过程中，参与者可以寻找共同点和差异，发现关键问题和核心观点。可以注意到不同学者、专家和利益相关者之间的观点和立场的差异，并尝试理解其背后的原因和逻辑。通过对信息的深入分析，参与者可以形成自己的观点和意见，并为后续的讨论提供有根据的观点和论据。

此外，参与者还应该保持开放的思维态度，接受不同的观点和意见，意识到议题可能存在的不确定性和复杂性，以及信息可能存在的偏见和局限，并尝试获取全面和多样化的观点。通过广泛而深入的信息收集和分析，参与者可以为后续的讨论提供全面、客观和有深度的观点和意见。

通过文献阅读、调查研究、采访专家以及利用网络和多媒体资源，参与者可以获得全面和多样化的信息，并对其开展综合和分析。这样做可以帮助参与者深入理解议题，形成有根据的观点和意见，为后续的讨论奠定基础。

（三）明确讨论的目的和期望结果

参与者应该明确讨论的目的和期望结果，以便为讨论设定一个明确的框架。例如，讨论的目的可能是寻找解决方案、促进共识、提出政策建议等。明确目的有助于参与者在讨论中保持聚焦主题，并为他们的观点和意见提供一个明确的方向。

1. 确定讨论的目的

参与者应该明确讨论的目的是什么，可以是解决一个具体问题、促进对某一议题的理解、寻找创新的解决方案、促进共识等。通过明确目的，参与者可以在讨论中保持聚焦主题，并避免偏离讨论的主题。目的的明确性有助于参与者在讨论过程中有所导向，从而达到更具意义和成果的讨论结果。

2. 设定期望结果

参与者应该明确他们期望从讨论中获得的结果是什么，可以是对议题的更深入的理解、新的观点和见解、共识的达成、行动计划的制订等。通过设定期望结果，参与者可以更加明确地了解他们参与讨论的价值和意义，并为讨论过程设定明确的目标。期望结果的设定有助于激发参与者的积极性和投入度，提高讨论的质量和成果。

3. 探索多个可能的结果

在设定期望结果时，参与者应该意识到讨论是一个开放的过程，可能有多个可能的结果，所以应该鼓励开放的思维和创新的观点，不局限于一种预设的结果。通过探索多个可能的结果，参与者可以充分发挥创造力和批判性思维，为讨论提供更多的选择和可能性。

4. 期望结果的可行性

参与者在设定期望结果时，也应该考虑结果的可行性。讨论的结果应该是可实施的，且符合现实情况和约束条件。参与者需要合理地评估和分析结果的可行性，考虑到资源、利益相关者、法律规定等方面的限制。这有助于确保讨论结果能够在实践中得到有效的实施，并产生实际的影响。

（四）创建讨论的规则和指导原则

在议题界定阶段，可以制订一些讨论的规则和指导原则，以确保讨论的秩序和有效性。这些规则可以包括尊重他人观点、遵循逻辑和证据导向的思考、避免人身攻击等。通过建立一个公正和尊重参与者的讨论环境，可以鼓励参与者以开放和包容的态度参与讨论。

1. 尊重他人观点

参与者应该互相尊重和包容不同的观点和意见。这意味着避免人身攻击、贬低他人的观点或开展无意义的争论。相反，参与者应该以友好和理性的方式对待他人的观点，并进行建设性的讨论。

2.遵循逻辑和证据导向的思考

参与者应该注重逻辑和证据，在讨论中提供有根据的观点和论证，应该尽量避免基于偏见或情感的论证，而是用事实、数据和合理的推理支持自己的观点。逻辑和证据导向的思考有助于提高讨论的质量和可信度。

3.提出问题和澄清疑惑

参与者应该鼓励提出问题和寻求澄清，以便更好地理解他人的观点和意见。他们可以就不清楚的观点或疑惑之处提出有针对性的问题，以促进更深入的讨论和思考。这种开放的态度有助于消除误解，并推动讨论向前发展。

4.平等参与和公正发言

参与者应该机会平等地参与讨论，并享有公正发言的权利。这意味着没有人能够垄断讨论或将其他参与者排斥在外。参与者应该确保每个人都有机会表达自己的观点，并尊重他人的发言权。这有助于建立一个公正和包容的讨论环境。

制订议题界定的共识需要参与者一致达成。这可以通过讨论、澄清和进一步地讨论议题实现。参与者可以提出问题、分享观点和意见，以便大家对议题有更清晰的理解和共识。在达成共识之前，可以适当地讨论和辩论，以确保每个人都对议题有充分的认识和理解。

二、简短陈述

在这个步骤中，每个参与者都有机会以简洁明了的方式陈述自己对议题的看法和立场。这个陈述应该具有概括性和条理性，以便其他参与者能够迅速理解和回应。在简短陈述时，参与者需要准确表达自己的观点，并提供相关的理由支持观点。这有助于其他参与者更好地理解每个人的立场，并为后续的理解和回应提供基础。

（一）陈述的重要性

简短陈述在 KMDD 中具有重要意义。它允许参与者以简明扼要的方式表达自己对议题的立场和观点，从而让其他参与者迅速了解并回应。这种简短陈述有助于在讨论中建立共同的认知和理解，并为后续的交流奠定基础。此外，简短陈述还有助于保持讨论的紧凑性和高效性，确保每个参与者都有平等的发言机会。

（二）陈述的要求

参与者在进行简短陈述时，应注意三个要求。

1.简洁明了

陈述应该言简意赅，避免冗长和复杂的表达。参与者应该简明扼要地表达出自己的观点和立场，以便其他人能够快速理解。

2.概括性

陈述应该能够概括自己对议题的整体看法，而不过于细节化或片面化。它应该涵盖主要的观点和重要的论据，为后续的讨论提供一个总体的框架。

3.条理性

陈述应该有清晰的逻辑结构和组织，使其易于理解和回应。参与者可以按照问题的重要性或逻辑顺序组织自己的陈述语言，以确保思路清晰、信息有序地传达给其他人。

（三）陈述的内容

参与者的简短陈述应包括三个内容。

1.观点和立场

参与者应明确表达自己对议题的观点和立场，可以提供自己的看法、态度和信念，以及对议题的核心问题的看法。

2.理由和支持

陈述还应包括支持自己观点的理由和相关的支持材料，可以是事实、数据、案例研究、专家意见等，有助于增强陈述的可信度和说服力。

3.目标和期望

参与者可以在陈述中提到他们对讨论的目标和期望，说明他们希望通过讨论达到什么结果，希望获得什么样的决策或共识。这有助于明确参与者的期望，以便为后续的讨论和决策制订提供指导。

（四）陈述的实施方法

参与者可以按照四个步骤简短陈述。

1.准备

参与者在陈述之前可以准备，梳理自己的观点和理由，并确保其简洁明了。

为了保证讨论的高效性，可以设定每位参与者的陈述时间限制，鼓励他们在规定时间内陈述。

2.依次陈述

根据事先确定的顺序，每位参与者依次简短陈述。其他参与者应聆听和记录，不打断或发生争论。

3.简洁表达

参与者在陈述时要力求简洁明了，避免过多赘述，可以使用简明扼要的语言和重点传达自己的观点和立场。

4.笔记记录

其他参与者可以在陈述过程中记录关键观点和问题，以备后续的回应和讨论使用。

通过简短陈述，参与者能够快速了解彼此的观点和立场，促进对议题的共同理解和进一步讨论的展开。这一步骤为后续的深入交流和决策制订奠定了基础，并帮助确保讨论的高效性和成果。

三、理解和回应

在 KMDD 的第三步中，参与者需要理解和回应其他人的陈述。这一步骤强调开放的思维和积极的倾听，以便参与者能够深入理解其他人的观点和意见，并作出回应。参与者应该用尊重和包容的态度对待其他人的观点，提出问题以进一步了解其立场，并提供有根据的回应。这种理解和回应的过程是双向的，参与者不仅要理解他人的观点，也要确保自己的观点得到充分的理解和回应。

（一）尊重和包容

参与者应该以尊重和包容的态度对待其他人的观点和意见，展示出对他人的尊重，并尽量避免对观点的嘲笑、贬低或攻击性言辞。这种尊重和包容能够营造出安全的讨论氛围，鼓励参与者敞开心扉分享他们的观点。

1. 尊重他人观点的重要性

尊重他人观点意味着认可每个参与者都有权利表达自己的看法，并认为每个观点都应受到平等对待和尊重。这种尊重建立在对多样性的理解和接纳上，尊重他人的思考和感受，而不是试图否定或贬低他人的观点。

2. 营造安全的讨论氛围

尊重和包容能够营造出安全、互相信任的讨论氛围。参与者应该感到自由和放心，可以毫无顾忌地表达自己的观点，而不会受到嘲笑、批评或攻击。这种安全的氛围为深入的交流和理解创造了条件。

3. 避免嘲笑和贬低

参与者应该避免嘲笑、贬低或无理批评他人的观点。嘲笑和贬低只会形成敌对和紧张的氛围，阻碍理解和共识的形成。相反，参与者应该以尊重的态度对待他人的观点，以建设性的方式回应并提出自己的观点。

4. 倾听和尊重个人空间

尊重他人观点可以通过倾听和尊重个人空间体现。参与者应该积极倾听他人的观点，给予他们足够的时间和空间表达自己的看法。同时，他们也应该尊重他人的决定和边界，不强加自己的观点或逼迫他人改变立场。

5. 接纳多样性

尊重和包容涵盖了接纳多样性的观点和意见。参与者应该意识到每个人的背景、经历和价值观都不同，因而他们对议题的看法也会有所不同。接纳多样性意味着理解和尊重这种差异，并认识到它们对富于创新和全面解决问题的重要性。

（二）积极倾听

参与者应该全神贯注地倾听他人的陈述，集中注意力，专注于对方的观点，并通过积极的非语言表达（如眼神接触、肯定的头部运动等）展示自己的倾听态度。积极倾听有助于建立有效的沟通和理解。

1. 理解

在沟通中，理解对建立有效的互动至关重要。理解他人的观点、情感和意图可以帮助我们建立共鸣，并避免误解和冲突。理解的关键要素有四项。

集中注意力。全神贯注地倾听对方，避免分散注意力。关闭其他干扰源，如手机或电视，以便将注意力集中在对话里。

非语言表达。运用积极的非语言表达，如眼神接触、肯定的头部运动和面部表情，展示出你的倾听态度。这些非语言信号传达出你对对方的尊重和关注。

主动提问。在理解阶段，提出问题有助于澄清信息和获取更多细节。通过开放性问题（如"请告诉我更多关于这个问题的细节"）或澄清性问题（如"你是指……吗？"）以促进对话的深入。

倾听并验证。倾听对方的陈述，并通过重述、总结或概括验证你的理解。这种验证可以帮助你正确地理解了对方的意思。

通过积极实践理解阶段，你将能够准确把握对方的观点和意图，为有效地回应做好准备。

2. 回应

回应是在理解对方之后，表达自己的观点和意见的过程。这是一个互动的环节，你可以分享自己的想法、提供反馈或回答对方的问题。回应的关键要素也有四项。

清晰表达。用简明扼要的语言表达你的观点，确保你的表达方式清晰明了，以便对方能够理解你的意思。

尊重差异。在回应时，展示出对对方观点的尊重和接纳。即使你不同意对方的观点，也要以友善和开放的态度回应。尊重差异可以促进建设性的对话和互相学习。

情感表达。除了传达思想和观点外，回应也可以包含情感表达。分享自己的感受和情绪，可以增进情感连接和理解。然而，要确保情感表达不会干扰对话的进行，并且与对方的观点保持一致。

主动反馈。给予对方反馈是回应的重要组成部分。通过对对方观点的重述、提供具体的反馈或提出相关问题，可以展示你对对方的倾听和理解，并进一步推动对话的深入。

通过有效的回应，你能够表达自己的观点和意见，并促进更深入的交流和互动。

3. 积极倾听

积极倾听是 KMDD 的关键步骤之一，它强调了在沟通中全神贯注地倾听他人的重要性。积极倾听的关键要素有五项。

集中注意力。专注于对方的言辞、声音和非语言信号。避免分心，确保你全身心地聆听对方的陈述。

肯定的非语言表达。使用肯定的非语言表达，如保持眼神接触、点头示意或微笑，展示你的倾听态度和对方的关注。

避免干扰和偏见。尽量消除干扰因素，如手机、噪声或其他事物。同时，保持开放的心态，避免偏见和主观判断。

理解并确认。通过积极的回应方式，如重述、概括或提出问题，展示你对对方观点的理解，并确保你准确地领会了对方的意思。

控制情绪和反应。在聆听过程中，保持冷静和控制情绪，避免过度反应或争论，以便为对话创造积极的氛围。

（三）提出问题

为了更好地理解他人的观点和立场，参与者可以提出问题。这些问题应该是有针对性的、开放性的，能够引导他人进一步阐述和解释他们的观点。通过提出问题，参与者可以促进对话的深入和探索议题的不同方面。

1.提出问题的关键要素

（1）针对性

提出的问题应当与对方表达的观点、立场或陈述直接相关。这样的问题能够引导对话朝着更具深度和有意义的方向发展，避免走向泛泛而谈的话题。

（2）开放性

开放性问题是那些不能仅通过简单的"是"或"否"回答的问题。这些问题通常需要对方提供更多细节、解释或观点的表达。开放性问题有助于激发对话的深入和参与者更全面地表达自己的想法。

（3）引导性

提出的问题应当具有引导性，即能够引导对方进一步探索和解释他们的观点。这些问题可以是具体的、有针对性的，以引导对方展开更具深度和复杂性的思考和表达。

（4）倾听与反馈结合

提出问题是与倾听和反馈紧密结合的。在理解他人观点的基础上，通过提出问题进一步了解和澄清对方的意思，并为自己的回应做好准备。

2.提出问题的重要性

（1）深入对话

提出有针对性和开放性的问题能够推动对话朝着更深入的方向发展。这些问题可以激发参与者思考和表达更多细节和观点，促进对话的深度和探索议题的不同方面。

（2）促进理解

通过提出问题，参与者能够更好地理解他人的观点和立场。这些问题可以帮助澄清模糊的概念、解释不明确的观点，以及促进对方更全面地表达自己的想法和意图。

（3）推动思考

提出引导性的问题可以激发参与者的思考和自我反省。这些问题可能会挑战参与者的思维模式、激发新的见解，并推动进一步的思考和探索。

（4）建立共鸣

通过提出问题，参与者之间能够更好地建立共鸣和连接。有针对性的问题可以帮助参与者深入了解对方的观点和经历，从而建立共同的理解和共鸣点。

（5）促进学习和成长

提出问题是一个学习和成长的机会。通过询问对方观点的原因、背后的逻辑或对问题的看法，从他们的经验中获取新的见解和知识。

（6）鼓励参与和交流

提出问题可以鼓励参与者积极参与对话，并建立积极的沟通氛围。这有助于打破沉默并推动参与者分享他们的观点和想法。

（7）解决问题和寻找解决方案

通过提出问题，可以针对具体的问题或挑战展开讨论和分析。这有助于促进创造性的思考，寻找解决方案，并推动行动和决策的制订。

3.提出问题的技巧

确保问题明确。确保你的问题清晰明确，以免造成混淆或误解。使用简洁而具体的语言，使问题易于理解和回答。

开放性问题。尽量提出开放性问题，鼓励对方详细和自由地回答。这样的问题可以激发对方思考和表达更多观点。

追问与澄清。在提出问题后，根据对方的回答，继续追问和澄清。这有助于深入探索问题，并获得更多的信息和见解。

避免偏见和假设。在提出问题时，尽量避免带有偏见或假设的问题。保持客观和中立的立场，以便获得准确和全面的回答。

总结和归纳。根据对方的回答总结和归纳，这有助于梳理对话的主线和重点，并推动对话向前发展。

通过有效的提问，你能够引导对话的深入，促进理解和共鸣，并推动学习和解决问题的过程。记得结合倾听和回应步骤，形成完整的 KMDD 流程，进一步提升沟通的质量和效果。

（四）有根据的回应

在回应他人的观点时，参与者应该提供有根据的回应，可以引用相关的数据、研究或经验支持自己的回应，以增加说服力和可信度。通过提供有根据的回应，参与者可以展示自己对议题的理解和思考，并推动讨论的进一步发展。

1.有根据的回应的关键要素

（1）引用可靠的来源

在回应他人观点时，参与者应引用可靠的来源，如学术研究、专业报告、权威机构的数据等。这些来源应经过验证，并且在学术或专业领域具有信誉度。

（2）数据和统计

参与者可以引用具体的数据和统计信息支持自己的回应。这些数据可以是实验结果、调查数据、市场研究等，用以说明和证明自己观点的合理性。

（3）经验和案例

参与者可以引用自己的经验或相关的案例支持自己的回应。分享实际经历或具体案例可以使观点更具体、更具说服力，并提供实际的例证。

（4）权威意见

引用专家、权威人士或权威机构的意见和观点也可以增加回应的可信度。这些权威意见应来自可靠的来源，如专业学术机构、知名专家等。

（5）逻辑推理

有根据的回应基于逻辑推理和合理的论证。参与者应该能够清晰地解释自己的观点，并通过逻辑推理和合理的论证支持自己的回应。

2.有根据的回应的重要性

（1）增加说服力

通过引用相关的数据、研究或经验，有根据的回应可以增加回应的说服力。这使得参与者的观点更具有可信度，使其他人更有可能接受和理解他们的观点。

（2）展示理解和思考

有根据的回应可以展示参与者对议题的深入理解和思考。通过引用相关的信息和证据，参与者能够表达自己对问题的理解，并表明自己已经深入思考和研究了。

（3）推动讨论发展

有根据的回应有助于推动讨论的进一步发展。参与者的回应提供了更多的信息和观点，激发其他人思考和回应。这可以促进讨论的广度和深度，推动对问题的更全面探索。

（4）建立信任和尊重

通过提供有根据的回应，参与者之间能够建立信任和互相尊重。当参与者能够基于可靠的来源和逻辑推理支持自己的观点时，他们展示出对问题的严谨思考和专业知识，从而增加了在讨论中的可信度和影响力。

（5）培养学习和知识共享

有根据的回应不仅使参与者能够表达自己的观点，还有助于学习和知识共享。通过分享相关的研究、数据或经验，参与者能够促进学习和信息交流，让其他人从中受益并获得新的见解。

3.有根据的回应的实施策略

（1）准备充分

在参与对话之前，参与者应该充分地准备和研究，收集相关的数据、研究和经验，以支持自己的回应。

（2）引用具体信息

在回应中，参与者应该具体引用相关的信息和数据，而不仅仅停留在一般性的陈述。具体的信息可以增强回应的可信度和说服力。

（3）解释和连接

在引用数据、研究或经验时，参与者应该解释这些信息与自己观点的关系，并连接对话中的议题。这有助于其他人理解信息的意义和重要性。

（4）保持客观和尊重

在提供有根据的回应时，参与者应保持客观并尊重他人的观点。避免使用攻击性的语言无根据地质疑他人的观点。通过理性和客观的态度，参与者可以建立更有效的讨论氛围。

通过有根据的回应，参与者可以展示自己的专业知识和思考能力，并推动对话的发展和深入。这有助于建立信任、增加说服力，促进学习和知识共享。记住，有根据的回应应该与理解和提出问题的步骤相互配合，形成一个完整的 KMDD 流程，以提高沟通和理解的质量。

（五）双向的理解和回应

KMDD 强调参与者之间的双向理解和回应。这意味着参与者不仅要理解他人的观点，还要确保自己的观点得到充分的理解和回应。

1. 双向理解和回应的关键要素

（1）开放的心态

参与者需要保持开放的心态，愿意倾听并接纳他人的观点和意见，同时摒弃偏见和预设立场，并以探索和理解为目标。

（2）主动参与

参与者应该积极参与对话，表达自己的观点和意见，并确保得到适当的关注和回应。他们不仅要倾听他人，还要为自己的观点争取空间和机会。

（3）互相倾听

在对话中，参与者需要相互倾听和理解，应该表现出积极的倾听态度，用肯定的非语言表达和回应展示对他人观点的关注和理解。

（4）澄清和确认

为了确保双向理解，参与者应该不断澄清和确认对方的观点和意见。他们可以提出问题、重述对方的观点，或开展总结，以确保双方在理解上达成一致。

（5）尊重和包容

在双向理解和回应中，参与者应该表现出尊重和包容的态度，尊重他人的观点和意见，即使他们不同意也要保持尊重，并给予适当的回应。

2. 双向理解和回应的重要性

（1）促进共享和学习

双向理解和回应可以促进参与者之间的共享和学习。通过互相理解和回应，参与者能够分享自己的观点和经验，获得新的见解，并共同探索议题的不同方面。

（2）建立关系和合作

双向理解和回应有助于建立良好的关系和合作。通过理解和回应他人的观点，参与者之间可以建立信任、共享目标，并为有效地合作和解决问题创造良好的基础。

（3）推动对话的深入

双向理解和回应可以推动对话的深入和扩展。参与者的回应和理解可以激发更多的思考和探索。通过双向的理解和回应，参与者可以提出更深入的问题，分享更多的见解，并从不同的角度审视问题，从而推动对话向更深层次的讨论发展。

（4）增强问题解决能力

通过双向理解和回应，参与者可以共同努力解决问题和挑战。通过相互理解和回应，他们可以充分利用彼此的知识、经验和创造力，共同寻找解决方案，提出创新的思路，并共同努力解决问题。

（5）减少误解和冲突

双向理解和回应有助于减少误解和冲突的发生。通过倾听他人并确保自己的观点得到充分理解和回应，参与者可以更好地解释自己的意图、消除误解，并避免争吵和冲突的产生。

（6）加强沟通和合作技巧

通过双向理解和回应，参与者可以不断改进和加强自己的沟通和合作技巧，学会倾听、理解他人，提出有针对性的问题，以及给予恰当的回应，这些技能对建立良好的人际关系和有效的合作至关重要。

3. 实施双向理解和回应的策略

（1）倾听并表达

参与者应当积极倾听他人的观点和意见，并以相同的热情表达自己的观点。倾听和表达是双向理解和回应的基础，确保参与者之间的平衡和平等。

（2）尊重多样性

在双向理解和回应中，参与者应尊重和欣赏多样性。每个人都有不同的经验、观点和价值观，参与者应以开放的心态接纳和尊重这种多样性。

（3）积极提出问题

参与者应积极提出有针对性和引导性的问题，以促进对话的深入和全面。这些问题应既涉及对他人观点的理解，也涉及对自己观点的回应和解释。

（4）澄清和确认

为了确保双向理解，参与者应不断澄清和确认彼此的观点和意见，可以寻求对方对其观点的进一步解释、重述或总结，以确保双方在理解上达成一致。

（5）灵活适应

在双向理解和回应中，参与者应灵活适应对话的变化和发展，根据对方的回应和观点调整自己的表达方式，并展示出灵活性和适应能力，以确保对话的平衡和有效性。

（6）建立共鸣和共同目标

在双向理解和回应中，参与者应努力寻求共鸣和共同目标，可以寻找共同的价值观和目标，以促进合作和共同努力解决问题。

（7）及时反馈和总结

参与者应及时给予对方反馈，并开展总结。这有助于确保双向理解的准确性和清晰度，并为进一步的讨论和决策提供基础。

通过双向的理解和回应，参与者可以实现更深入的对话、增强解决问题的能力，减少误解和冲突，以及加强沟通和合作技巧。为了实施双向理解和回应，参与者应保持开放的心态，积极参与对话，互相倾听，澄清和确认观点，并尊重多样性。这样的实施策略可以帮助建立学习和共享的环境，推动对话的深入，并促进关系和合作的发展。

通过理解和回应阶段，参与者能够建立起对他人观点的深入理解和尊重，并在此基础上进一步讨论和探索。这一步骤有助于促进对话理性和建设性，推动参与者之间交流和共识的形成。

四、修正立场

通过参与讨论和倾听其他人的观点，参与者有机会重新评估和调整自己的立场。这并不意味着放弃自己的观点，而是通过对话和思考深化对问题的理解，并根据新的信息和观点开展必要的修正。在修正立场的过程中，参与者应该保持开放的心态，愿意接受新的思考和观点，并有意识地寻找共同点和可能的妥协。这需要参与者具备批判性思维和灵活性，以便能够更全面地考虑问题，并在必要时做出调整。

（一）修正立场的关键要素

1.开放的心态

修正立场需要参与者保持开放的心态。他们应愿意接受新的思考和观点，并以学习和成长的态度对待他人的意见。开放的心态有助于参与者从不同的角度审视问题，并主动寻找共同点和可能的妥协。

2.批判性思维

修正立场需要参与者运用批判性思维。他们应审视自己的观点，评估其合理性和可靠性。参与者应提出有针对性的问题，挑战自己的假设和推理，并寻求更全面的信息和证据支持自己的观点。

3.倾听和理解他人观点

修正立场需要参与者倾听和理解他人的观点。他们应主动寻求对方的观点，并努力理解其背后的逻辑和思考过程。通过倾听他人的观点，参与者可以获得新的见解，并从中发现自己观点的盲点和局限。

4.深化对问题的理解

修正立场是一个深化对问题理解的过程。参与者通过讨论和倾听他人的观点，可以获得更全面和多样的信息，进一步探索问题的不同方面。这有助于参与者深化自己对问题的理解，超越表面的观点，并考虑更广泛的因素和影响。

5.调整立场的灵活性

修正立场需要参与者具备灵活性和适应能力。他们应意识到自己的立场可能需要调整，并愿意根据新的信息和观点做出必要的修正。灵活性使参与者能够在对话和思考的过程中不断调整自己的观点，并更好地适应问题的复杂性和多样性。

（二）修正立场的重要性

1.深化理解和思考

通过修正立场，参与者能够深化对问题的理解和思考。他们不再局限于狭窄的视角，而是通过倾听和理解他人的观点，获得更全面和多元的信息。这有助于参与者从多个角度思考问题，探索问题的复杂性，提高自己的思考能力和分析能力。

2.增进合作和共识

修正立场有助于增进合作和共识的建立。当参与者能够修正自己的立场，并接受他人的观点和意见时，他们更容易与他人达成共识和合作。这有助于建立良好的团队合作氛围，推动共同目标的实现。

3.提高解决问题的效果

通过修正立场，参与者能够更好地应对问题和挑战。当他们能够重新评估自己的立场，并结合他人的观点和意见调整时，就可以更全面地考虑问题，并制订更有效的解决方案。这有助于提高问题解决的效果和质量。

4.促进个人成长

修正立场是一个个人成长和学习的机会。通过参与讨论和接受他人观点的挑战，参与者能够不断反思和改进自己的观点和思维方式。这有助于提升个人的认知能力、批判性思维能力和适应能力，推动自身的成长和发展。

（三）实施修正立场的策略

1.持续学习和探索

参与者应保持持续学习和探索的态度，可以通过阅读、研究和参与讨论获得新的信息和观点，以丰富自己的知识和视野。持续学习和探索有助于参与者更好地理解问题，并在修正立场时提供更多的参考和支持。

2.寻求反馈和评估

参与者应主动寻求他人的反馈和评估，可以向他人征求对自己观点的评价，听取他人的意见和建议，并勇于修正自己的立场。这有助于参与者从他人的视角看问题，并更全面地评估自己的观点和思考。

3.保持开放和尊重的态度

修正立场需要参与者保持开放和尊重的态度，应尊重他人的观点和意见，并愿意接受不同的思维方式和观点。保持开放和尊重有助于建立良好的对话氛围，并提供一个积极的环境，促进立场的修正。同时，参与者应意识到自己的立场不是绝对的真理，而是基于自己的观点和理解，可能受到局限和偏见的影响。通过保持开放和尊重的态度，参与者能够更容易接受新的信息和观点，并在必要时做出适当的修正。

（四）修正立场的重要性

1. 深化思考和洞察力

通过修正立场，参与者可以提高自己的思考和洞察力。通过倾听他人的观点和经验，参与者能够从不同的角度看待问题，并发现自己原来未曾考虑过的因素。这有助于提高参与者的分析能力和判断力，使他们能够做出更明智的决策。

2. 提升解决问题的能力

修正立场能够帮助参与者提升解决问题的能力。通过重新评估和调整立场，参与者能够更全面地考虑问题，并从多个角度寻找解决方案。这有助于提高问题解决的效率和质量，为团队和组织的发展作出贡献。

3. 加强合作和建立关系

通过修正立场，参与者能够加强与他人的合作并建立良好的关系。当参与者能够灵活调整自己的立场，并与他人有效地沟通和合作时，他们能够更好地理解和尊重他人的观点，共同寻找解决方案，并建立互信和共识。

4. 促进个人成长和学习

修正立场是促进个人成长和学习的机会。通过与他人交流和对话，参与者能够不断反思和改进自己的观点和思维方式。这有助于提升个人的认知能力、适应能力和领导力，推动个人的成长和发展。

KMDD 的四个步骤共同构成了一个循环，参与者可以根据需要重复进行，以进一步完善对问题的认识和立场。这种循环性的讨论过程有助于建立共识、推动合作，并为解决复杂的困境性问题提供了一种系统和有效的方法。通过 KMDD，参与者能够以开放和包容的态度参与讨论，倾听他人的观点，与他人建立联系，并在共同努力下寻找解决方案。这种方法不仅有助于解决困境性问题，还培养了参与者的批判性思维、沟通技巧和合作能力，为建设和谐社会提供了有益的借鉴。

第三节 KMDD 研究方法

KMDD（Knowledge Mining, Discovery and Dissemination）是一种知识挖掘、发现和传播的研究方法。

一、问题定义

在 KMDD 研究中，首先需要明确定义研究问题或目标。这可能涉及确定要挖掘和发现的特定领域或主题，以及要回答的具体问题或获取的目标知识。

（一）领域或主题确定

在问题定义阶段，首先需要确定要研究的特定领域或主题。这可能涉及从广泛的领域中选择一个研究范围，如医疗保健、金融、社交媒体等。选择一个明确定义的领域或主题有助于限定研究范围，使研究更加具体和针对性。

1. 确定研究兴趣

首先，需要思考自己对哪些领域或主题感兴趣，可以是在工作、学术或个人生活中遇到的问题或挑战。考虑专业背景、技能和经验，以及对某个领域的热情和动机。选择一个感兴趣的领域将激发研究热情并推动研究进展。

2. 领域的重要性和需求

深入研究所选领域的重要性和需求。考虑该领域在当前社会、行业或学术界的重要性和发展趋势。查阅相关文献、行业报告和统计数据，了解领域的挑战、机遇和现有的知识空白，这将帮助确定研究领域的价值和影响力。

3. 研究可行性和资源可用性

考虑研究领域的可行性和资源可用性。评估您是否有足够的时间、技能和资源开展研究。了解数据的可获取性、实验设备的可用性、专家咨询的可行性等因素。确保您有能力和资源完成研究工作，以避免研究过程中的困难和阻碍。

4. 界定研究领域的范围

在确定研究领域时，要明确界定研究的范围。这有助于避免研究过于笼统或过于狭窄。考虑研究领域的子领域、特定应用场景或特定问题，以便将研究范围更具体化。确保选择的范围既具有研究的可行性，又有足够的广度和深度。

（二）目标知识的确定

接下来，需要明确要回答的具体问题或获取的目标知识。这可能包括需要挖掘的隐含知识、潜在模式或数据中的有用信息。通过明确目标知识，研究者可以更好地指导研究过程并获得具体的结果。

1. 隐含知识的挖掘

考虑在所选领域中可能存在的隐含知识。隐含知识是指那些未明确表达但存在于数据或领域背后的知识。通过分析和挖掘数据，可以发现新的见解、规律或关联，从而揭示隐含知识。确定需要挖掘的隐含知识是目标知识的重要组成部分。

2. 潜在模式的发现

在问题定义阶段，思考在所选领域中可能存在的潜在模式。潜在模式是指数据中存在的、尚未被明确观察到的模式或趋势。这些模式可能涉及变量之间的关联、时间序列的趋势、聚类分布等。通过数据挖掘和模式识别技术，可以发现和识别这些潜在模式，从而获得目标知识。

3. 数据中的有用信息

思考在所选领域的数据中存在哪些有用的信息。这可能涉及从大量数据中提取有关特定问题的相关信息。例如，有人可能希望从社交媒体数据中获取用户偏好、情感分析等信息，或者从医疗保健数据中获取疾病模式、治疗效果等信息。明确所需的有用信息将有助于确定研究的重点和目标。

4. 知识的应用和推广

思考目标知识的应用和推广方式。确定获得的知识如何应用于实际问题，是否可以推广到其他领域或情境。考虑知识的实际应用性、可行性和相关性，以确保研究的实用价值。

5. 对现有知识的补充

考虑目标知识如何对现有的知识作出补充和贡献。确定研究的独特性和创新性，是否能够填补领域中的知识空白，为该领域的发展和进步作出贡献。

（三）问题的界定和限定

在问题定义阶段，还需要界定和限定问题的范围。这包括确定研究问题的边界，排除不相关或不必要的因素，以确保研究的准确性和可行性。问题的界定和限定可以根据可用数据、资源和研究目标调整。

1. 研究对象的确定

首先，确定研究的对象或目标，可能是特定的数据集、特定的系统或特定的群体。界定研究对象有助于限定问题的范围，并确保研究的焦点和目标的一致性。

2. 时间范围的界定

考虑研究问题的时间范围。界定研究的时间范围有助于限制研究对象的历史数据或特定时间段的数据，这样可以确保研究结果的时效性，并提供对特定时期的洞察。

3. 变量和因素的选择

确定研究中需要考虑的关键变量和因素。界定研究的变量有助于将问题限定在特定的影响因素范围内，排除不相关的变量，这样可以更准确地分析变量之间的关系，增加研究结果的可靠性。

4. 排除不相关因素

界定问题还包括排除不相关的因素，这些因素可能与研究问题无关。通过明确排除这些因素，可以减少研究的复杂性，提高对关键因素的集中分析。

5. 数据和资源的可用性

界定问题时需要评估可用数据的质量、数量和适用性，以及研究所需的资源和技术限制。确保研究问题与可用的数据和资源相匹配，以确保研究的可行性。

6. 研究目标和问题的明确性

界定研究问题时，问题的陈述应该清晰明确，以便读者和其他研究者能够准确理解问题的核心内容。确保问题具有明确的目标和明确的答案方向。

（四）参考文献和现有知识

在问题定义过程中，研究者应该查阅相关的文献和现有知识，这有助于了解已有的研究成果、方法和理论，为问题定义提供基础和背景。通过了解前人的工作，可以避免重复研究，并为问题定义提供更准确的方向。

（五）创新性和实际应用

问题定义阶段也是思考研究的创新性和实际应用的阶段。研究者需要思考如何在特定领域或主题中创新，解决现有问题或提供新的见解。此外，还需要考虑研究成果的实际应用和实际意义，以确保研究对社会、行业或领域有所贡献。

二、数据收集

接下来，进入数据收集阶段。这可能包括从不同的数据源收集结构化或非结构化的数据，如文本文档、数据库、日志文件、网络数据等。数据的质量和适用性对研究的有效性至关重要。

（一）确定数据需求

在数据收集阶段，首先需要明确研究的数据需求。考虑研究问题和目标知识，确定需要收集的数据类型、格式和属性。这可能包括结构化数据（如表格、数据库），半结构化数据（如 XML、JSON）或非结构化数据（如文本、图像、音频）。明确数据需求有助于指导后续的数据收集过程。

（二）确定数据源

确定数据的来源和可获取性。考虑可用的数据源，如公共数据库、行业报告、社交媒体平台、企业内部系统等。评估数据源的可靠性、完整性和适用性，以确保收集到的数据质量和相关性。

（三）数据收集方法

根据数据需求和数据源的特点，选择合适的数据收集方法。这可能包括主动收集（如调查问卷、实验设计、观察）和被动收集（如爬虫抓取、日志记录）。根据研究的具体需求和可行性，制订适当的数据收集计划和流程。

（四）数据采集工具和技术

在数据收集过程中，选择和使用适当的数据采集工具和技术。这可能涉及使用调查问卷工具（如 Google Forms、SurveyMonkey）、数据抓取工具（如 Python 的 Beautiful-Soup、Scrapy）、传感器设备等。根据数据类型和收集方法的特点，选择合适的工具和技术以确保数据收集的效率和准确性。

（五）数据质量和完整性

在数据收集过程中，注意确保数据的质量和完整性。这包括验证数据源的可靠性、清洗和预处理数据以去除噪声和异常值，填补缺失数据，并确保数据的一致性和准确性。对于定量数据，开展统计分析和校验以确保数据的有效性。

三、数据预处理

在数据预处理阶段，清洗、集成和转换收集到的数据，以使其适合后续的挖掘和发现。这可能包括去除噪声、处理缺失值、标准化数据格式等步骤。

（一）数据清洗

数据清洗是数据预处理的首要步骤，包括去除数据中的噪声、异常值和重复记录，以确保数据的准确性和一致性。使用合适的技术和方法清洗数据，如数据过滤、去重、异常值检测和修复。

（二）缺失值处理

处理数据中的缺失值是数据预处理的重要任务。通过填补缺失值或删除包含缺失值的样本，确保数据集的完整性和可用性。常见的缺失值处理方法包括插补（如均值、中位数、回归插补）和删除。

（三）数据集成

数据集成需要将来自不同数据源的数据整合到一个统一的数据集中。确保数据集的一致性和完整性，消除数据冗余和不一致性。使用合适的集成技术和方法，如数据匹配、合并和连接。

（四）数据变换

在数据预处理过程中，实行数据变换以改变数据的表示或格式。例如，开展数据平滑、归一化、标准化、离散化等操作，以使数据适应后续的挖掘算法和模型。

（五）特征选择和降维

在数据预处理过程中，开展特征选择和降维以减少数据集的维度和复杂性。通过选择最相关的特征或使用降维技术（如主成分分析、线性判别分析），可以减少数据集的特征数量，提高模型的效率和性能。

（六）数据规范化

数据规范化是将数据缩放到特定范围或分布的过程。常见的数据规范化方法包括最小—最大规范化、Z-score 规范化等。规范化可以确保不同属性或特征之间具有可比性，避免由于不同尺度或单位导致的偏差。

四、知识挖掘

在知识挖掘阶段，应用合适的数据挖掘技术和方法，从预处理后的数据中提取有用的知识和模式，包括文本挖掘、聚类分析、分类器构建、关联规则挖掘等技术，要根据具体的研究问题选择适当的方法。

（一）文本挖掘

文本挖掘是从文本数据中提取有用信息和知识的过程，涉及文本预处理、特征提取和模式识别等步骤。在文本挖掘中，常见的技术包括情感分析、主题建模、关键词提取、实体识别等。通过分析和挖掘文本数据，可以发现文本中隐藏的模式、趋势和情感倾向。

1. 文本预处理

文本预处理是文本挖掘的第一步，旨在将原始文本数据转化为可处理的形式。常见的文本预处理任务包括去除噪声和非关键信息，如标点符号、停用词、特殊字符等。同时，还需要开展词干化、词形还原和拼写纠正等处理，以减少词汇形式的变异性，并提高文本挖掘的准确性和一致性。

2. 特征提取

特征提取是文本挖掘的关键步骤，它将文本数据转化为可用于分析和模式识别的数值特征。常见的特征提取方法包括词袋模型（Bag-of-Words）、TF-IDF（Term Frequency-Inverse Document Frequency）、词嵌入（Word Embedding）等。这些方法可以将文本表示为向量形式，捕捉词汇和文本结构之间的关系，为后续的模式识别和分析提供基础。

3. 情感分析

情感分析是文本挖掘的一项重要任务，旨在识别和理解文本中的情感倾向和情绪。情感分析可以帮助研究者了解用户对特定产品、服务或事件的情感态度和反应。常见的情感分析方法包括基于规则的方法、机器学习方法和深度学习方法。通过情感分析，可以发现文本中隐藏的情感倾向和观点，从而获得对用户态度和情感的深入理解。

4. 主题建模

主题建模是一种将文本数据聚类成相似主题的方法，可以揭示文本中隐藏的话题和主题结构。常见的主题建模方法包括潜在语义分析（Latent Semantic Analysis，LSA）、潜在狄利克雷分配（Latent Dirichlet Allocation，LDA）等。通过主题建模，可以对文本数据开展语义分析，发现文本中的关键主题和话题演化的趋势。

（二）聚类分析

聚类分析是将数据对象划分为相似的组别或簇的过程。它通过计算数据对象之间的相似性度量，将相似的对象归为同一簇，从而发现数据的内在结构。聚类分析的常见方法包括 k 均值聚类、层次聚类、密度聚类等。通过聚类分析，可以发现数据中的群组和类别，揭示数据对象之间的关系。

1. 相似性度量

在聚类分析中，首先需要选择合适的相似性度量衡量数据对象之间的相似性或距离。常用的相似性度量包括欧氏距离、曼哈顿距离、余弦相似度等。相似性度量的选择应根据数据的特点和研究目标决定。

2. k 均值聚类

k 均值聚类是一种常见且广泛应用的聚类算法。它通过迭代的方式将数据对象划分为 k 个簇，其中 k 是预先指定的参数。算法的核心思想是将数据对象分配给距离最近的簇中心，并更新簇中心的位置，直到达到收敛条件。k 均值聚类可以有效地处理大规模数据集，但对初始簇中心的选择敏感。

3. 层次聚类

层次聚类是一种基于数据对象之间相似性度量的层次分解方法。它通过构建数据对象之间的相似度或距离矩阵，并通过合并或分割簇生成一个层次化的聚类结果。层次聚类可以采用凝聚式（自底向上）或分裂式（自顶向下）的方法。层次聚类可以提供更丰富的层次化聚类结构，但大规模数据集的处理可能会面临计算复杂性的挑战。

4. 密度聚类

密度聚类是一种基于数据对象的密度分布特性开展聚类的方法。它将高密度区域划分为簇，并将低密度区域视为噪声或离群点。常见的密度聚类算法包括 DBSCAN（Density-Based Spatial Clustering of Applications with Noise）和 OPTICS（Ordering Points to Identify the Clustering Structure）等。密度聚类对噪声和离群点具有较好的鲁棒性，适用于发现任意形状和大小的聚类结构。

（三）分类器构建

分类器构建是根据已有的数据样本训练一个分类模型，用于给新的未标记数据分类。分类器可以根据特征和属性将数据分为不同的类别或标签。常见的分类算法包括决策树、朴素贝叶斯、支持向量机等。通过构建分类器，可以预测和分类数据，从而实现对数据的理解和应用。

1. 数据准备

在构建分类器之前，需要准备和整理用于训练和测试的数据集。这包括选择合适的特征和属性，实施数据预处理、特征选择和特征提取等步骤。数据准备阶段的质量和准确性对最终分类器的性能和泛化能力有重要影响。

2. 特征表示

特征表示是将数据转换为分类模型可以处理的形式的过程。常见的特征表示方法包括二进制表示、数值表示、文本向量化、图像特征提取等。选择合适的特征表示方法可以提高分类器的性能和效果。

3. 分类算法选择

在构建分类器时，需要选择适合问题和数据的分类算法。常见的分类算法包括决策树、朴素贝叶斯、支持向量机、逻辑回归、随机森林等。不同的算法有不同的假设和适用条件，研究者需要根据具体问题和数据特点选择最合适的分类算法。

4. 模型训练

在分类器构建的过程中，需要使用已标记的训练数据集训练分类模型。训练过程涉及调整模型参数、优化损失函数等步骤，以提高模型的准确性和泛化能力。训练过程可以使用监督学习、半监督学习或无监督学习的方法，具体根据数据标记的情况确定。

5. 模型评估

在构建分类器后，需要评估其性能。常用的评估指标包括准确率、精确率、召回率、F1 分数等。通过在独立的测试数据集上评估分类器的性能，可以了解其分类能力和泛化能力。同时，还可以使用交叉验证等方法评估模型的稳定性。

6. 模型调优

根据评估结果，可以调优和改进分类模型。调优包括调整分类器的参数、选择不同的特征表示方法、尝试不同的特征选择算法、应用集成学习等。通过模型调优，可以进一步提高分类器的性能和泛化能力。

（四）关联规则挖掘

关联规则挖掘旨在发现数据中的频繁项集和关联规则。频繁项集是指在数据集中经常一起出现的物品的集合，而关联规则是描述这些物品之间的关联性和依赖性。通过关联规则挖掘，可以揭示数据中的关联关系，从而洞察数据中的隐藏模式和规律。常见的关联规则挖掘算法包括 Apriori 算法和 FP-growth 算法。

1. 频繁项集

频繁项集是指在数据集中经常一起出现的物品的集合。通过关联规则挖掘，可以识别出频繁项集，即那些在数据集中出现频率较高的物品组合。频繁项集的发现可以帮助研究者了解数据中的共现模式和相关性。

2. 关联规则

关联规则是描述物品之间关联性和依赖性的规则。一条关联规则通常具有两个部分：前项（Antecedent）和后项（Consequent）。前项是规则的先决条件，后项是规则的结论。关联规则的形式为"If X then Y"，表示如果前项 X 出现，则后项 Y 也很可能出现。关联规则可以揭示数据中的隐藏模式和关联关系。

3. 支持度和置信度

在关联规则挖掘中，支持度和置信度是常用的度量指标。支持度表示在数据集中同时包含前项和后项事务的比例。置信度表示在出现前项的事务中，同时出现后项的比例。通过设定支持度和置信度的阈值，可以筛选出具有足够支持度和置信度的关联规则。

4.Apriori 算法

Apriori 算法是一种常用的关联规则挖掘算法。该算法基于先验知识，通过迭代地产生候选项集和剪枝操作发现频繁项集和关联规则。Apriori 算法具有可扩展性和广泛的应用性，但在处理大规模数据时可能面临计算复杂性的挑战。

5.FP-growth 算法

FP-growth 算法是另一种常用的关联规则挖掘算法。该算法通过构建 FP 树（频繁模式树）发现频繁项集和关联规则。相比于 Apriori 算法，FP-growth 算法在内存使用和计算效率上具有优势，尤其适用于处理大规模数据。

在知识挖掘阶段，研究者需要选择合适的数据挖掘技术和方法，根据对具体的研究问题和数据特征开展分析和模式发现。通过适当的方法选择和技术应用，可以从数据中提取有用的知识和模式，为研究和应用提供支持和指导。

五、知识发现

在知识发现阶段，分析和解释从挖掘过程中得到的知识和模式。这可能涉及验证挖掘结果的有效性、解释发现的知识、推断隐藏的关联等，以深入了解研究问题。

（一）验证挖掘结果的有效性

在知识发现阶段，研究者需要验证和评估挖掘得到的知识和模式，以确保其有效性和可靠性。这可以通过与领域专家讨论、实验验证、交叉验证等方法实现。验证挖掘结果的有效性是确保研究结果可信和可靠的重要步骤。

1. 与领域专家讨论

与领域专家讨论是验证挖掘结果有效性的重要途径。领域专家具有深入的领域知识和经验，可以提供对挖掘结果的专业评估和反馈。通过与领域专家的讨论，研究者可以验证挖掘结果是否与现有知识和理论一致，是否具有实际应用的价值。

2. 实验验证

实验验证是验证挖掘结果有效性的常用方法之一。研究者可以设计和实验，以验证挖掘结果在实际情境下的有效性和可靠性。通过与现实数据对比，研究者可以评估挖掘结果的准确性、稳定性和一致性。

3. 交叉验证

交叉验证是验证挖掘结果的常用技术之一。它通过将数据集分为训练集和测试集，将挖掘模型应用于测试集并评估其性能。交叉验证可以帮助评估挖掘模型的泛化能力，即在未见过的数据上的表现。

需要注意的是，验证挖掘结果的有效性是一个迭代和持续的过程。研究者应该不断与领域专家、同行研究者和相关利益相关者交流和反馈，不断完善和改进研究结果。通过有效的验证，研究者可以确保挖掘结果的可信度和实际应用的价值，为进一步的知识发现和应用奠定基础。

（二）解释发现的知识

知识发现的关键任务是解释从挖掘过程中得到的知识和模式。这涉及深入分析挖掘结果的含义和背后的原因。通过探索挖掘结果中的规律、关联和趋势，研究者可以提供对发现的知识的解释和解读。这可能包括从领域知识和理论的角度出发，深入地解释和分析挖掘结果。

1. 分析规律和关联

研究者应该仔细分析挖掘结果中的规律和关联，可能包括发现特定属性之间的关联、发现频繁项集、发现类别之间的模式等。通过分析规律和关联，研究者可以提供对挖掘结果的直观解释，并描述数据中存在的重要关系和趋势。

2. 领域知识和理论解释

解释发现的知识时，研究者应该结合领域知识和相关理论解释。领域知识可以提供对挖掘结果的上下文理解和专业解释。通过将挖掘结果与已有的领域知识和理论联系起来，研究者可以为发现的知识提供更深入的解释和解读。

3. 背景和应用场景解释

挖掘的知识通常是在特定的背景和应用场景下得到的。因此，解释发现的知识时，研究者应该考虑这些背景和应用场景，并将其纳入解释的框架中。通过描述挖掘结果在特定背景和应用场景中的应用和意义，研究者可以提供对知识的更深入的解释和理解。

4.可视化工具和技术

可视化工具和技术可以帮助研究者更好地解释和呈现挖掘结果。通过使用图表、图形和其他可视化方式，研究者可以将复杂的挖掘结果可视化，并提供对知识的直观和易理解的解释。可视化工具和技术可以帮助研究者发现潜在的模式和趋势，并为发现的知识提供更有力的解释和展示。

5.多角度分析和解释

解释发现的知识时，研究者应该采用多角度的分析和解释方式，包括从不同的维度、属性和角度对挖掘结果解释。通过从多个角度分析和解释挖掘结果，研究者可以获得更全面和更深入的理解，解释挖掘结果是深入理解和传达从挖掘过程中得到的知识的重要任务。通过解释发现的知识，研究者可以揭示数据中的隐藏模式和规律，提供对挖掘结果的解释和洞察。

（三）推断隐藏的关联

知识发现的目标之一是推断数据中隐藏的关联和规律。通过挖掘得到的知识和模式，研究者可以进一步推断和探索数据中的潜在关联。这涉及对挖掘结果的进一步分析和推理，以识别不显而易见的关联关系，并生成新的发现和假设。

1.进一步分析挖掘结果

通过对挖掘结果的进一步分析，研究者可以发现数据中隐藏的关联和规律，包括统计分析、数据可视化、关系图谱构建等。通过深入分析挖掘结果，研究者可以发现不同属性之间的相互作用、潜在的因果关系、隐含的模式和趋势等。

2.关联规则挖掘

关联规则挖掘是一种常用的技术，用于发现数据中的频繁项集和关联规则。通过关联规则挖掘，研究者可以揭示数据中的相关关系和依赖关系，发现不同属性之间的关联和关联的强度。关联规则挖掘算法如 Apriori 算法和 FP-growth 算法可以帮助研究者发现数据中隐藏的关联规律。

3.网络分析

网络分析是一种用于研究关系和连接性的方法，可以揭示数据中的隐藏关联。通过构建网络图，研究者可以分析节点之间的关系和网络的拓扑结构，发现节点之间的紧密度、中心性和群组结构等。网络分析可以应用于各种领域，如社交网络分析、生物网络分析等，帮助研究者推断隐藏的关联，发现新的关联模式。

4.统计分析和回归分析

统计分析和回归分析是常用的推断隐藏关联的方法。通过应用统计学原理和模型，研究者可以评估不同变量之间的相关性，并建立预测模型。回归分析可以帮助研究者理解变量之间的因果关系和影响程度。这些方法可以用于挖掘数据中隐藏的关联和规律，并开展预测和推断。

5.机器学习和人工智能

机器学习和人工智能技术也可以用于推断隐藏的关联。通过应用机器学习算法，如聚类分析、分类器构建、深度学习等，研究者可以发现数据中的模式和关联。这些算法可以自动识别数据中的隐藏关联，提供新的洞察能力和预测能力。

六、知识传播

最后，传播和共享研究中发现的知识和结果。这可以通过撰写学术论文、发布研究报告、举办研讨会或会议等方式实现，以便其他研究人员和社区可以受益并开展进一步的研究。

（一）撰写学术论文

学术论文是最常见的知识传播方式之一。研究人员可以将研究结果整理成论文，包括研究问题、方法、实验设计、数据分析和结论等内容，并提交给学术期刊审稿和出版。学术论文的撰写需要遵循学术规范和要求，确保内容准确、清晰、逻辑性强，并与相关研究比较和讨论。

1.研究问题的描述

明确阐述研究的背景和动机，准确定义研究问题，并描述研究的目标和意义。对于 KMDD 研究，可以介绍知识管理和数据挖掘领域的重要性，并说明为什么需要采用 KMDD 方法解决研究问题。

2.方法的描述

详细描述采用的 KMDD 方法和技术，包括数据收集和预处理方法、知识挖掘算法和技术的选择、参数设置等。解释每个步骤的原理和操作过程，以确保读者能够理解研究的方法论。

3.实验设计和数据分析

描述实验的设计和数据集的选择，包括数据收集的过程、实验环境和实验设置。详细说明数据挖掘的过程，包括数据预处理、特征选择、模型训练和评估等。对每个数据挖掘步骤，都要解释其目的、方法和结果分析。

4.结果和讨论

呈现研究的主要结果和发现，包括对挖掘结果的解读和分析，解释发现的知识和模式的意义和应用价值。对比已有的研究成果，并讨论其差异和共性，提出研究的局限性和未来的研究方向。

在撰写学术论文时，要注意遵循学术规范和要求，包括格式、引用规则、语言风格等。此外，论文应具备清晰的逻辑性和条理性，确保内容有层次感和连贯性。使用图表和示例数据可以更好地展示研究过程和结果。最后，经过仔细校对和编辑，确保论文的语法、拼写和格式没有错误。

（二）发布研究报告

研究报告是将研究成果传播给相关机构、组织或社区的方式之一。研究人员可以撰写详细的研究报告，包括研究的目的、方法、结果和结论等，以便其他研究人员和决策者了解研究的重要发现和应用潜力。研究报告可以通过学术机构、政府机构、企业或社区平台发布和传播。

1.报告结构和内容

研究报告应具备清晰的结构和逻辑性。包括标题、摘要、引言、研究目的、方法、结果和讨论等部分。每个部分应该有明确的内容，确保读者能够理解研究的主要内容和发现。

2.目标受众和传播渠道

确定研究报告的目标受众，这有助于选择合适的传播渠道。例如，如果目标受众是学术界的研究人员，可以选择学术会议或期刊作为传播渠道；如果目标受众是政府机构或企业决策者，可以选择相关的政府工作报告或业务报告。

3.报告的可读性和可理解性

确保研究报告的语言简明扼要、易于理解，避免使用过多的专业术语和复杂的表达方式，以便不同背景的读者都能够理解报告的内容。使用图表、图像和示例数据可以更好地说明和解释研究结果。

4.提供实际应用和建议

在研究报告中，除了呈现研究的主要结果和发现，还可以提供实际应用和建议。根据研究的目的和应用领域，可以指出如何将研究成果应用于实际问题，并提供相关的建议和推荐。

5.定期更新和追踪效果

定期更新研究报告，将最新的研究进展和发现纳入报告中。同时，追踪研究报告的效果和影响，了解研究成果对相关领域的贡献和具体应用情况，这有助于评估研究的影响力和可持续性。

（三）研讨会和会议

研讨会和会议是研究人员相互交流和分享研究成果的重要场所。研究人员可以参加学术研讨会、学术会议或专业研讨会，通过口头报告或海报展示的形式将研究成果呈现给其他与会者。在研讨会和会议上，研究人员可以与其他领域专家和研究人员讨论和交流，获得反馈和建议，并扩大研究成果的影响力。

1.学术研讨会

学术研讨会通常由学术机构、研究组织或学术团体组织，旨在促进学术交流和合作。研究人员可以提交论文摘要或全文，并在研讨会上口头报告或使用海报展示。参会者可以听取其他研究人员的报告，并与他们讨论和交流。学术研讨会提供了一个与同行深入讨论和互动的机会，可以获得宝贵的反馈和建议，改进研究方法和结果。

2.学术会议

学术会议是汇集一定领域研究人员的大规模会议。研究人员可以提交完整的研究论文，并在会议上口头报告。学术会议通常涵盖广泛的主题和议题，吸引了来自不同地区和背景的研究人员。在学术会议上，研究人员可以与同行分享研究成果、展示创新想法，并与其他研究人员深入交流和讨论。学术会议还提供了了解最新研究动态、探索前沿研究领域和建立合作关系的机会。

3.专业研讨会

除了学术研讨会和学术会议，还有一些专业研讨会专注于特定领域或行业。这些研讨会通常由专业组织、行业协会或企业组织，旨在分享最新的行业趋势、研究成果和技术创新。研究人员可以在专业研讨会上分享自己的研究成果，与业界专家和从业人员交流，了解实际应用的需求和挑战。

通过参加研讨会和会议，研究人员可以将他们的研究成果传播给广大的研究社区和行业界，扩大研究成果的影响力。此外，与其他研究人员的交流和合作可以促进知识共享和合作研究项目的开展。通过与同行的互动，研究人员可以获得新的观点和想法，发现研究领域的新趋势和前沿观点。此外，研讨会和会议还提供了建立合作关系和寻找潜在合作伙伴的机会，促进跨学科和跨机构的合作研究项目的开展。

需要注意的是，KMDD 方法是一个迭代的过程，不同的阶段可能相互交织和重复，以进一步改进和深化研究的结果。

第四节　KMDD 创新之处

KMDD（知识管理与发现）在研究方法和实践中具有一些创新之处。

一、综合知识管理与数据挖掘技术

KMDD 的创新之处之一在于将知识管理和数据挖掘技术结合，旨在通过挖掘数据中的知识和模式提供洞察和解决方案。传统的知识管理注重知识的收集、组织和传递，而KMDD 通过引入数据挖掘技术，从数据中自动发现有价值的知识，并实现对知识的深入理解，提供决策支持。

二、多层次的分析与解释

KMDD 在知识发现过程中强调多层次的分析与解释，以揭示数据中的隐藏模式、关联和规律。它不仅通过统计分析、挖掘算法等技术层面发现知识，还结合领域知识、理论解释和应用背景，从多个角度深入解释和理解挖掘结果。这种多层次的分析和解释可以提供更全面、准确和可靠的知识。

三、强调实践应用和业务需求

KMDD 注重将知识发现与实践应用相结合，以满足业务需求并产生实际价值。它将数据挖掘和知识管理技术应用于实际业务场景，通过挖掘和发现有用的知识，提供决策支持、问题解决、创新和改进等方面的实际应用。这种实践导向的方法使 KMDD 在知识管理和数据挖掘领域具有独特的价值。

四、结合人类专业知识和智慧

KMDD 强调结合人类专业知识和智慧，以提高知识发现和挖掘的质量和效果。虽然数据挖掘技术可以从数据中发现模式和关联，但领域专家的经验和专业知识对解释和解读挖掘结果至关重要。KMDD 鼓励与领域专家的合作和交流，结合他们的专业知识与挖掘结果，提供更深入的理解和洞察。

五、敏捷和迭代的方法

KMDD 采用敏捷和迭代的方法，以应对快速变化的业务环境和不确定性。它从小规模实验开始，不断迭代和改进研究方法和实践，以逐步完善和优化知识发现过程。通过敏捷和迭代的方法，KMDD 可以及时调整方法和策略，以适应不断变化的数据和业务需求。这种敏捷和迭代的方法使 KMDD 具有灵活性和适应性，可以快速响应和解决问题。

总结起来，KMDD 在知识管理与发现领域的创新之处在于综合应用知识管理和数据挖掘技术，强调多层次的分析与解释，注重实践应用和业务需求，结合人类专业知识和智慧，采用敏捷和迭代的方法，注重可视化和交互性，基于大数据和云计算，追求自动化和智能化的知识发现过程。这些创新使 KMDD 成为一种强大的工具和方法，为组织和个人提供了更好的知识管理和决策支持。

第五章 论述美学教育教师培训项目的投入议题

第一节 确定投入议题的背景和重要性

一、确定投入议题的背景

在当今社会，人们不仅需要具备专业知识和技能，还需要培养审美情感和创造力。美学教育通过培养学生对艺术、文化和美的欣赏能力，使他们能够更好地欣赏和理解艺术作品、文化遗产以及美的价值。这种审美素养不仅能够增强个体对美的感知和欣赏能力，还能够提高个体的创造力和创新能力。美学教育培养了学生对美的感知能力，激发了他们对卓越的追求，对学生的全面发展起到了重要的推动作用。

美学教育教师是实施美学教育的关键角色，不仅需要具备专业的美学知识和技能，还需要具备良好的教育素养和教学能力。美学教育教师负责设计和实施美学教育课程，引导学生在艺术、文化和美的领域中发展自己的审美素养和创造力，扮演着激发学生对美的热情和追求卓越的精神的角色。美学教育教师的专业素养和能力对教学质量和学生发展起着至关重要的作用，需要具备深厚的美学理论知识，了解不同艺术形式和文化传统，具备批判性思维和表达能力，能够引导学生进行审美观察、分析和评价，培养创造力和独立思考能力。

教师培训是提升教师专业能力和素养的关键途径。对美学教育教师开展培训，可以帮助他们更好地理解和掌握美学教育的理论和实践。通过培训，教师不仅可以更新自己的知识和教学方法，了解最新的美学教育研究成果和教材资源；还可以拥有交流和合作的机会，促进他们在教学实践中相互学习和借鉴。教师培训有助于提升教师的教学技能、教学效果和职业发展，为美学教育的实施提供了重要支持。

因此，考虑到美学教育的重要性和美学教育教师的关键作用，以及教师培训的重要性，确定美学教育教师培训项目的投入议题是至关重要的。这一投入议题将有助于提升美学教育教师的专业能力和素养，推动美学教育在学校中的落地和发展，为学生的全面发展和创造力的培养提供更好的支持和引导。

二、确定投入议题的重要性

（一）提升教师专业素养

美学教育教师培训项目可以帮助教师提升自身的美学素养和专业知识，使他们对美学教育的理论和实践有更深入的理解。培训项目可以提供教师需要的教学资源、案例分析和实践经验，使他们能够不断更新自己的美学知识和教学方法。通过培训，教师可以提高教学技能和能力，更好地满足学生的学习需求。

（二）优化美学教育课程设计

美学教育教师培训项目可以帮助教师提升对美学教育课程设计的能力。培训可以提供教师需要的教学资源、案例分析和实践经验，使他们能够设计出更具吸引力和有效性的美学教育课程。优化的课程设计有助于激发学生的兴趣，提高他们的参与度和学习成效。通过培训，教师可以学习如何组织教学内容、引导学生开展审美观察和评价，并鼓励学生创造性表达。

（三）强化美学教育教师队伍建设

通过美学教育教师培训项目，可以加强对美学教育教师队伍的培养并促进队伍发展。培训可以帮助提高教师的教育水平和专业能力，提升教学质量和教育效果。通过培训，培养更多具备美学专业知识和教育背景的教师，为学校和社会提供更多高质量的美学教育人才。此外，还可以促进美学教育教师之间的交流与合作，共同提升美学教育的水平。

（四）推动美学教育的普及和发展

美学教育教师培训项目有助于推动美学教育的普及和发展。通过提高教师的专业能力，可以增加学校开设美学教育课程的数量，提升美学教育的覆盖面和影响力。同时，培训还可以促进美学教育研究和实践的交流与合作，推动美学教育在教育领域的持续发展。通过培训，教师可以更好地了解和应用最新的美学教育理论和方法，不断改进教学实践，推动美学教育的创新和进步。

（五）满足社会需求和培养综合能力

美学教育教师培训项目的投入也是为了满足社会对美学教育的需求和培养学生的综合能力。美学教育培养学生的审美情感、创造力和文化素养，这与社会对人才的需求紧密相关。通过培训教师，可以促进他们对学生综合能力培养的认识，更好地满足社会的需求。美学教育教师培训项目的投入还可以帮助教师更好地了解社会的变化和需求，培养学生的创新思维、沟通能力和团队合作能力，以应对未来社会的挑战。

投入议题的确定可以提升教师的专业素养，优化美学教育课程设计，强化美学教育教师队伍建设，推动美学教育的普及和发展，以及满足社会需求和培养学生的综合能力。这些方面的投入将对美学教育的质量和影响力产生积极的影响。

第二节 描述涉及的利益相关者和利益冲突

一、教师

教师是美学教育教师培训项目的主要受益者和利益相关者。通过培训，教师可以提升自身的专业能力和专业素养，增加对美学教育的理解和实践经验，这有助于提高教师的教学质量和教育效果，增加职业发展机会。然而，教师也可能面临时间和精力上的压力，需要投入大量的时间和精力参与培训活动，还需要面对学习负担的增加和个人成长的挑战。

（一）提升专业能力和素养

美学教育教师培训项目可以帮助教师提升自身的专业能力和素养。培训提供了学习美学教育理论和实践的机会，使教师能够深入了解美学教育的核心概念、研究动态和教学方法。通过培训，教师可以更新自己的教育理念和教学策略，掌握最新的美学教育知识和技能，提升自己在美学教育领域的专业能力。这有助于教师更好地应对教学挑战，提高教学质量和教育效果。

1.深入了解美学教育理论和实践

美学教育教师培训项目为教师提供了学习美学教育的核心概念、理论框架和实践方法的机会。教师可以通过培训了解美学教育的发展历程、重要理论派别以及当前的研究动态。这有助于教师建立起扎实的美学教育理论基础，为教学实践提供更加科学和有效的指导。

2.更新教育理念和教学策略

美学教育教师培训项目能够帮助教师更新自己的教育理念和教学策略。培训活动通常会介绍最新的教学方法、教材和教学资源，使教师能够了解并掌握在美学教育领域中行之有效的教学策略。通过培训，教师可以获得启发，改变过去的教学方式，更加关注学生的主动参与和创造性表达，提升教学效果。

3.掌握最新的美学教育知识和技能

美学教育领域的知识和技能不断发展和更新。参与美学教育教师培训项目，教师可以了解到最新的研究成果、教学案例和实践经验，掌握应用于实际教学的最新知识和技能。这有助于教师更好地应对教学挑战，满足学生的学习需求，提高教学质量和教育效果。

4.增加教师的自信心和教学动力

通过参与美学教育教师培训项目，教师可以不断提升自身在美学教育领域的专业能力和素养。这种专业成长会增加教师的自信心和教学动力，使他们更加热情地投入到教学工作中。使教师在拥有更多专业知识和技能的基础上，更有信心面对挑战，更有动力创造积极的教学氛围和学习环境，能够以更高的自信度应对教学中的困难和挑战，提升教学质量和学生学习成果。

（二）实践经验和教学方法的拓展

美学教育教师培训项目通过提供案例分析、实践经验分享和教学资源支持，帮助教师拓展实践经验和教学方法。培训活动可以引导教师通过观摩和参与实际教学活动，了解不同教学场景下的美学教育实践，并与其他教师交流与合作。教师可以从他人的经验中学习，借鉴成功的教学策略和创新的教育方法，进一步丰富自己的教学技能和教学工具箱。

1.观摩和参与实际教学活动

美学教育教师培训项目通常会安排教师观摩和参与实际教学活动。教师可以在培训中观察其他教师的授课过程，了解他们的教学策略和方法。通过亲身参与实际教学活动，教师能够亲身感受教学现场的挑战和机遇，进一步了解美学教育的实际操作。这种实践经验的拓展可以帮助教师更好地理解理论知识的应用，加深对教学实践的认识。

2.学习他人的经验和成功策略

美学教育教师培训项目为教师提供了与其他教师交流与合作的平台。教师可以在培训中分享自己的实践经验，并从其他教师那里学习到成功的教学策略和创新的教育方法。通过与来自不同背景和经验的教师互动，教师可以拓宽自己的教学视野，获取新的灵感和启示。这种经验和策略的分享促进了教师之间的合作和互助，有助于教师共同提高教学水平。

3.探索多样化的教学资源和工具

美学教育教师培训项目会介绍和提供多样化的教学资源和工具，帮助教师丰富教学内容和方法。教师可以了解到最新的教材、教辅资料、多媒体资源等，以及使用数字技术和在线平台开展美学教育的创新实践。培训项目还可以引导教师学习和掌握多种教学工具和技术，如艺术创作软件、数字展示工具、虚拟现实技术等。这样的拓展可以丰富教师的教学手段，提高教学的吸引力和效果。

（三）职业发展和晋升机会

通过参与美学教育教师培训项目，教师可以促进自己的职业发展，获得晋升机会。培训项目可以为教师提供更多的教育背景和专业认证，增强他们在教育界的竞争力。具备丰富培训经历和专业知识的教师更容易获得升职机会、教学荣誉和教育研究项目的资助。此外，教师还可以通过培训建立更广泛的专业网络，与其他专业人士和专家交流与合作，拓展职业发展的机会。

1.丰富教师的教育背景和提升专业认证度

美学教育教师培训项目为教师提供了深入学习美学教育理论和实践的机会。通过参与培训，教师可以获得系统的培训证书、学位或专业认证，这些将丰富教师的教育背景且提升其在美学教育领域的专业认可度。这些教育背景和认证可以作为教师晋升和职业发展的重要依据，增强教师在教育界的竞争力。

2.获得升职机会和教学荣誉

通过参与美学教育教师培训项目，教师能够提升自身的专业素养和教学能力，进而增加获得升职机会的可能性。教师在培训后能够展现出更出色的教学表现，获得教学荣誉和评优。这些荣誉和表彰将提高教师的职业声望和教育界的认可度，有助于教师在学校和教育机构中的晋升和职位提升。

3.获得教育研究项目的资助

美学教育教师培训项目培养教师的研究能力和学术素养，使他们能够更好地实施教育研究和创新实践。教师通过培训项目，掌握了科学研究的方法和技巧，深入了解美学教育的研究前沿。为教师争取教育研究项目的资助提供了更多机会，支持他们深入研究美学教育领域的特定主题，为学术界做出贡献。

4.建立专业网络和合作机会

美学教育教师培训项目促进了教师之间的交流与合作。培训项目通常组织研讨会、研究小组和专题讲座，教师可以与来自不同地区和学校的教育者互动交流，建立起广泛的专业网络。这种网络可以为教师提供与其他专业人士和专家合作的机会，共同开展研究项目、撰写论文、组织学术活动等。通过与其他教师和专家的合作，教师可以分享经验、互相学习，拓宽自己的教育视野，进一步增加职业发展的机会。

（四）时间和精力压力

尽管教师培训项目对教师的专业能力和素养提升具有诸多好处，但同时也可能给教师带来时间和精力上的压力。教师在参与培训项目时需要投入大量的时间和精力，包括参加培训课程、研讨会和实践活动，阅读相关文献和研究资料，完成学习任务和作业等。这可能与教师的日常教学工作和个人生活产生冲突，增加了工作负担和压力。教师需要在时间管理和工作安排上做出调整，平衡培训学习和其他事务之间的关系。

1.培训时间与教学任务的冲突

教师在参与美学教育教师培训项目时需要安排时间参加培训课程、研讨会和实践活动。然而，这与教师的日常教学任务产生了冲突。教师需要在安排培训活动的同时确保完成教学准备、备课和教学评估等任务。此外，教师还需要与学生、家长和同事有效沟通和合作。因此，教师需要合理分配时间，协调好培训和教学任务之间的关系。

2.培训学习与个人生活的平衡

参与美学教育教师培训项目还会对教师的个人生活产生影响。教师可能需要在工作和培训之间寻找平衡，将时间和精力分配给家庭、休闲和个人发展等方面。培训项目可能要求教师在工作日之外或节假日参加培训活动，这可能与个人生活的规划和需求产生冲突。因此，教师需要在参与培训时认真考虑自身的时间和精力投入，平衡好培训和个人生活之间的关系。

3.培训任务与教师个人发展的挑战

美学教育教师培训项目通常涉及大量的学习任务和作业，包括阅读文献、撰写论文、设计教学案例等。教师在完成培训任务时需要投入额外的精力和注意力，这可能会增加教师的负担。此外，培训过程中的学习和思考可能需要教师适应新的学习方式和学习节奏，对习惯于传统教学模式的教师而言，可能会面临一定的学习困难和调整压力。

（五）个人成长和适应挑战

美学教育教师培训项目的投入也意味着教师需要面对个人成长和新的教学挑战。培训项目可以帮助教师发展新的教学策略和方法，引入创新的教学资源和技术，从而提升教学效果。然而，对一些教师来说，接受新的教学理念和方法可能需要适应期和努力的过程。教师可能需要摆脱传统的教学模式和观念，接受新的教育思维和实践，适应不同学生的需求和教学环境的变化。

1.接受新的教学理念和方法

美学教育教师培训项目通常会介绍新的教学理念和方法，如美学教育的理论框架、教学策略和实践技巧。对一些教师来说，接受和理解这些新理念和方法可能需要时间努力。教师需要摆脱传统的教学模式和观念，接受新的教育思维和实践，这可能需要教师重新审视自己的教学方式，调整自己的教学策略，以更好地满足学生的需求和培养学生的创造力和表达能力。

2.引入创新的教学资源和技术

美学教育教师培训项目通常会介绍和推广创新的教学资源和技术，如数字艺术工具、在线学习平台、虚拟现实技术等。教师可能需要学习和适应这些新的教学工具和技术，掌握它们的应用方法和教学效果评估。通过适应新的教学资源和技术，教师可以丰富教学内容和提升教学质量，为学生创造更多的学习机会和体验。

3.适应不同学生的需求和教学环境的变化

美学教育教师培训项目通常强调学生的个体差异和多样性，教师需要关注和满足不同学生的需求。这可能需要教师了解学生的背景和兴趣，提供个性化的教学方案和支持。对一些教师来说，适应不同学生的需求可能需要调整自己的教学方式和教学策略，培养包容性和差异化教育的能力。此外，教学环境的变化，如新的课程标准、教育政策和技术创新，也要求教师灵活适应和调整自己的教学实践。

教师作为美学教育教师培训项目的主要受益者和利益相关者，在投入议题中有着重要的角色。他们通过培训可以提升自身的专业能力和素养，拓展实践经验和教学方法，增加职业发展和晋升机会。然而，教师也需要面对时间和精力的压力，需要适应新的教学挑战和个人成长的需求。因此，为了确保教师培训项目的成功和可持续发展，需要综合考虑教师的利益和需求，提供支持和资源，为教师提供一个积极、合理和可持续的培训环境。

二、学生

学生是美学教育教师培训项目的直接受益者。通过参加培训后的教师提供的优质教育，学生可以获得更好的美学教育体验和学习成果。培训后的教师能够设计出更具吸引力和有效性的美学教育课程，激发学生的兴趣，提高他们的参与度和学习成效。然而，学生可能面临培训教师的不稳定性和教学方法的调整，可能需要适应新的教学方式和教材，可能面临教师实践经验的差异，可能需要调整学习习惯和学习期望。

（一）获得更好的美学教育体验

培训后的教师能够运用新的教学理念、方法和资源，设计更富有创意和启发性的美学教育课程。教师的专业能力提升意味着更好的教学质量和教育体验，学生可以通过与教师的互动和参与教学活动，享受到更丰富、更有趣和更具深度的美学教育体验。

（二）激发学生的兴趣和参与度

培训后的教师能够运用多样化的教学策略和方法，针对学生的个体差异和学习风格，激发学生对美学教育的兴趣。教师通过创设积极的学习环境、提供丰富的学习资源和引导学生的主动参与，可以增强学生的学习动机和参与度。学生将更积极地参与课堂讨论、展示个人创作，从而深化对美学的理解和体验。

（三）提高学生的学习成果和能力

通过参与培训项目，教师可以掌握有效的评估方法和教学策略，以促进学生的学习成果和能力发展。教师能够及时了解学生的学习进展，针对学生的需求提供个性化的指导和支持，帮助学生克服学习障碍，提高学习效果。同时，培训后的教师能够提供学生需要的指导和反馈，以增强学生的审美意识、创造性思维和表达能力。

三、学校和教育机构

学校和教育机构是美学教育教师培训项目的组织者和支持者，也是利益相关者之一。培训教师可以提高学校的美学教育质量和声誉，增强学校的竞争力。优秀的教师培训项目可以吸引更多的学生和家长，为学校带来经济利益和社会声誉的提升。然而，学校和教育机构也需要投入人力、财力和资源以支持培训项目的运行，可能需要面对资源分配的压力和管理成本的考虑。

（一）提升美学教育质量和声誉

通过支持和推动美学教育教师培训项目，学校和教育机构能够提高美学教育的质量和声誉。优秀的培训项目能够培养出专业素养高、教学水平优秀的教师，为学校的美学教育提供了高质量的人才支持。这将有助于学校建立起良好的美学教育形象，增加学校在美学教育领域的影响力和声誉。学校和教育机构可以通过优质的美学教育教师团队吸引更多的学生和家长，提高学校的竞争力。

（二）经济利益和社会声誉的提升

优秀的美学教育教师培训项目能够吸引更多的学生，为学校带来经济利益的增长。学生和家长通常会选择有声誉和优质教育资源的学校。通过提供具有竞争力的美学教育教师培训项目，学校可以吸引更多的学生报读相关课程，增加学校招生和学费收入。同时，通过提供高质量的美学教育，学校还可以为社会培养具备美学素养和创造力的人才，为社会作出贡献，提升社会声誉。

（三）资源分配的压力和管理成本的考虑

学校和教育机构在支持美学教育教师培训项目时需要投入一定的人力、财力和资源。培训项目可能需要招聘和培养专业教师，开设培训课程和研讨会，提供学习资源和教学设备。这可能对学校和教育机构的资源分配产生压力，需要平衡培训项目的投入和其他教学和管理需求之间的关系。此外，学校和教育机构还需要考虑培训项目的管理成本，包括课程开发与管理、师资培训与评估、设备和维护、教育技术支持等方面的费用。在资源分配的过程中，学校和教育机构可能需要权衡不同项目和需求之间的优先级，确保美学教育教师培训项目得到足够的支持和投入。

与此同时，学校和教育机构还需要考虑培训项目的可持续性和长期发展。通过制订有效的规划和策略，确保培训项目的质量和效果能够持续提升。这可能需要制订培训项目的评估机制，跟踪教师培训的效果和成果，并更新和改进培训内容。此外，学校和教育机构还需要与相关机构和专业组织合作，共同推动美学教育教师培训的发展，分享资源和经验，形成合作共赢的局面。

在实施美学教育教师培训项目时，学校和教育机构还需要与教师、学生和家长等利益相关者沟通和合作，确保他们的期望和需求得到充分考虑。通过建立有效的反馈机制，收集各方对培训项目的意见和建议，及时调整和改进培训内容和方式。通过积极的沟通和合作，学校和教育机构可以更好地满足各方的利益和期望，共同推动美学教育教师培训的发展和提升。

学校和教育机构作为美学教育教师培训项目的组织者和支持者，在投入议题中扮演着重要的角色。他们通过提升美学教育质量和声誉、增加经济利益和社会声誉等获得利益，但同时也需要面对资源分配的压力和管理成本的考虑。通过合理的规划和策略，与各方利益相关者的合作与沟通，学校和教育机构可以实现培训项目的可持续发展，为美学教育领域的发展作出贡献。

四、教育政策制订者

教育政策制订者在美学教育教师培训项目中发挥着重要的角色。他们需要制订相关政策和法规，为教师培训提供支持和指导。政策制订者关注的利益包括提高教师教育质量、促进教育改革和推动美学教育的普及。然而，也可能面临不同利益相关者之间的利益冲突。他们需要平衡教师培训项目的投入和教育资源的分配，确保教师培训的质量和效果，同时也要考虑教育政策的整体目标和可行性。

（一）提高教师教育质量

教育政策制订者所获得的一个重要利益是提高教师的教育质量。他们致力于制订政策和规定，以确保教师培训项目的内容和标准符合专业要求和教育目标。政策制订者可能会参考相关教育标准和指导文件，确保教师培训项目涵盖了美学教育的核心概念、知识和技能。他们可能要求教师培训项目提供具体的培训目标和评估机制，以确保教师在培训过程中获得必要的专业知识和能力。此外，政策制订者还可能制订措施，如规定教师培训的师资要求、课程设置和教学实践，以提高教师培训的质量和效果。

（二）促进教育改革

教育政策制订者关注推动教育改革的利益。他们意识到美学教育教师培训项目是教育改革的重要组成部分，可为学生提供更全面、多元的学习体验。政策制订者可能会制订政策和计划，以支持和推广美学教育教师培训项目，包括提供经费支持、制订培训计划、建立评估机制等。政策制订者努力确保教师培训项目与教育改革目标相一致，通过培养高素质的美学教育教师，推动教育体制的转变和创新。

（三）推动美学教育的普及

教育政策制订者通常关注推动美学教育的普及利益。他们认识到美学教育的重要性，并致力于为更多的学生提供艺术和美学教育的机会。为实现这一目标，政策制订者可能鼓励和支持美学教育教师培训项目的开展，以培养更多具备美学教育专业能力的教师，还可能会制订政策，推动美学教育教师培训的普及化，包括提供资金支持、制订教育计划、设立奖励机制等。政策制订者的目标是为社会中的所有学生提供平等的机会，让他们能够接收到高质量的美学教育。

五、家长和社会

家长和社会也是利益相关者之一。他们希望通过美学教育教师培训项目提供给孩子们更好的教育机会和发展环境，关注的利益包括学生的学习成果、教育质量和教学资源的分配。然而，家长和社会也可能面临美学教育教师培训项目的费用和经济负担，以及选择合适的培训机构和教师的挑战。

（一）关注学生的学习成果

家长和社会关注的首要利益是学生的学习成果。他们希望通过美学教育教师培训项目，为孩子们提供更好的教育机会，帮助他们取得良好的学习成绩和发展成果。家长和社会期望参加培训后的教师能够提供高质量的美学教育，激发学生的兴趣和创造力，促进他们的学习和发展。

（二）关注教育质量和教学资源分配

家长和社会还关注美学教育的质量和教学资源的分配。他们希望培训项目能够提供专业水平高、素质优良的教师，确保教育质量的提升。同时，也关注教学资源的分配是否公平合理，以确保每个学生都能够享受到优质的美学教育资源。

（三）经济负担和费用考量

美学教育教师培训项目需要一定的费用。家长和社会可能需要承担培训费用、购买学习材料和资源的费用，或者选择负责任的培训机构的困扰。这可能会对一些家庭造成的经济压力，并成为他们决定参与培训项目的考虑因素之一。

（四）选择合适的培训机构和教师

家长和社会也面临选择合适的培训机构和教师的挑战。他们希望能够找到质量好、信誉高的培训机构和教师，以确保孩子们能够接受到优质的美学教育。这可能需要他们提前调研和评估，参考他人的经验和意见，做出最佳的选择。

六、美学教育教师培训机构和培训师资

美学教育教师培训机构和培训师资是利益相关者之一。他们是培训项目的提供者和实施者，从中获得经济利益和社会声誉。培训机构和师资希望通过培训项目的投入获得合理的回报，并维持培训项目的可持续发展。然而，他们也需要关注培训项目的质量和效果，满足教师和学生的需求，同时面对竞争和市场变化的挑战。

（一）经济利益和可持续发展

美学教育教师培训机构和培训师资希望通过培训项目的投入获得经济利益和可持续发展。他们投入大量资源，包括人力、财力和时间，组织和提供培训课程、研讨会和实践活动，为教师提供专业发展和学习机会。通过吸引教师参与培训项目，他们可以获得学费收入和培训服务的回报。同时，他们也希望培训项目的质量和声誉能够吸引更多的教师和学生，为机构的可持续发展提供支持。

（二）培训项目质量和效果

美学教育教师培训机构和培训师资关注培训项目的质量和效果。他们致力于提供高质量的培训内容、教学资源和支持服务，以满足教师的专业发展需求。培训机构可能制订严格的课程标准和评估机制，确保培训项目符合行业要求和教育标准。培训师资力求专业素养和教学能力的提升，以提供优质的教育服务，从而积极参与教学研究和创新实践，不断更新培训内容和教学方法。

（三）满足教师和学生需求

美学教育教师培训机构和培训师资需要关注教师和学生的需求，以提供符合其期望和需求的培训项目。教师希望通过培训项目提升自身的教学能力和专业认可度，进而获得晋升和职业发展的机会，也希望获得实用的教学技巧、教材和资源，以提高教学质量和学生学习成果。学生则期待受益于教师培训项目的教育政策。制订者需要平衡利益相关者的不同需求和利益，以确保美学教育教师培训项目的有效实施。

第三节　投入议题的研究思路

美学教育教师培训项目的投入议题是一个复杂而重要的议题，涉及多个利益相关者和众多方面的考虑。

一、确定利益相关者

首先，需要明确参与美学教育教师培训项目的利益相关者，包括教师、学生、学校和教育机构、教育政策制订者、家长和社会、美学教育教师培训机构和培训师资。分析每个利益相关者的核心利益、需求和期望，以及他们可能面临的利益冲突。

二、教育政策制订者的角色

重点关注教育政策制订者在美学教育教师培训项目中的关键角色，研究自身的责任和权力，如何制订相关政策和法规，以支持和指导教师培训。此外，分析美育教育教师关注的利益，如提高教师教育质量、促进教育改革和推动美学教育的普及。

三、利益冲突的分析

详细分析每个利益相关者之间可能存在的利益冲突。例如，教师可能关注培训的质量和效果，而教育政策制订者需要考虑资源分配和可行性；家长和社会可能关注学生的学习成果和教学资源分配，但也面临经济负担和选择合适培训机构的挑战；美学教育教师培训机构和培训师资则需要平衡经济利益与培训项目的质量和效果。

四、利益冲突的解决方案

基于利益相关者的分析，提出解决利益冲突的可行方案。例如，教育政策制订者可以制订明确的政策和标准，提供资金和资源支持，促进合作与交流，以满足各方的需求和利益。同时，培训机构和培训师资可以关注培训项目的质量和效果，满足教师和学生的需求，通过创新和研究提升培训水平。

五、综合考虑与持续改进

在研究思路中强调综合考虑和持续改进的重要性。综合考虑各方的利益和需求，制订综合性的方案和政策，以平衡各方的利益需求。同时，需要持续监测和评估，以及反馈机制，确保培训项目的质量和效果得到不断改进和提升。

深入研究思路，可以更详细地分析每个利益相关者，并探讨利益冲突的根源和解决方案。在教育政策制订者的角色中，可以深入探讨他们如何制订教育政策，以支持美学教育教师培训，并促进教育改革和美学教育的普及。在利益冲突的分析中，可以具体阐述不同利益相关者之间的矛盾和冲突点，如教师和培训机构之间的经济利益与培训质量的平衡，家长和社会关注学生成果与经济负担之间的矛盾等。

在解决方案部分，可以提出具体的策略和措施，如制订透明的政策和标准，为美学教育教师培训项目提供资金和资源支持，促进教育机构之间的合作与交流，鼓励创新和研究等。同时，强调综合考虑的重要性，确保各方利益得到平衡，并通过持续的改进措施提高培训项目的质量和效果。

最后，强调该研究的实际意义和价值，指出通过深入研究美学教育教师培训项目的投入议题，可以为制订更有效的政策和方案提供有力的参考，促进美学教育的发展和提升教师培训的质量，进而为学生提供更优质的教育体验和学习机会。

第四节　投入议题研究的基本框架

一、利益相关者分析

（一）教师

探讨教师对培训项目质量的关注，如教学知识、教学方法和专业能力的提升；分析教师的职业发展需求，如晋升机会和薪酬待遇的提高。

（二）学生

讨论学生对教师培训的期望，如优质的教学体验和学习成果的提升；探究学生对美学教育的需求，如艺术素养和创造力的培养。

（三）学校和教育机构

分析学校和教育机构对美学教育教师培训项目的投入，如资源支持和教学环境改善；探讨学校和教育机构的声誉和竞争力在投入议题中的作用。

（四）教育政策制订者

研究政策制订者对美学教育教师培训的关注，如教育改革和教师培训政策的制订；分析政策制订者在投入议题中的角色和责任。

（五）家长和社会

讨论家长和社会对美学教育教师培训的期望，如学生学习成果的获得和教学质量的提高；探究家长和社会在投入议题中可能面临的经济负担和选择困难。

二、利益冲突的分析

（一）教师与教育政策制订者

解释教师对培训质量和实用性的期望与政策制订者的资源分配和可行性之间的冲突；探讨如何平衡教师的专业发展需求和政策制订者的整体目标。

（二）学生与家长和社会

讨论学生学习成果和资源分配需求与家长和社会经济负担之间的冲突；分析如何解决学生需求和家长社会关注之间的冲突。

（三）教育机构与教师和学生

探讨教育机构在平衡经济利益与培训质量之间的冲突；分析如何提供可持续的培训项目并满足教师和学生的需求。

三、解决方案的提出

（一）教育政策制订者的角色

政策制订者可以制订明确政策和标准，提供资金和资源支持，促进合作与交流的解决方案；探讨如何通过政策引导和支持教师培训的投入和发展。

（二）教育机构和培训师资的责任

强调培训机构和培训师资应关注培训项目质量和效果，满足教师和学生需求，通过创新和研究提升培训水平的解决方案；讨论如何建立良好的师资培训机制，确保培训师资的专业发展和教学能力提升。

四、综合考虑与持续改进

综合利益相关者的需求和利益，探讨如何平衡不同利益之间的关系，以实现美学教育教师培训项目的全面发展；提出持续改进的观点，强调对投入议题的持续研究和改进，以适应不断变化的教育环境和需求。

五、结论

通过以上的研究框架，我们能够全面而有逻辑性地论述美学教育教师培训项目的投入议题。从利益相关者分析到利益冲突的分析，再到解决方案的提出和综合考虑与持续改进的讨论，我们能够深入探讨各方利益和需求的平衡，以促进美学教育教师培训项目的可持续发展和质量提升。这一详细的研究框架将帮助我们展开深入的思考和分析，并为未来的研究提供方向和指导。

第六章 康斯坦茨困境讨论法在美学教育教师培训中的应用

第一节 议题界定：明确投入议题的范围和目标

康斯坦茨困境讨论法在美学教育教师培训中的应用涉及议题界定，即明确投入讨论的范围和目标。这一步骤对有效讨论和学习至关重要。通过明确界定议题，参与者可以集中精力、确立讨论的目标，并为讨论提供结构和方向。

一、明确投入议题的范围有助于确立讨论的焦点

在美学教育教师培训中，议题可能涉及美学理论、教学方法、艺术鉴赏等多个方面。通过明确定义议题的范围，可以避免讨论过于宽泛或狭窄，参与者可以更好地理解讨论的范围和边界，从而能够更加有针对性地准备和参与讨论。

（一）避免讨论过于宽泛

明确定义议题的范围可以避免讨论变得过于宽泛和泛泛而谈。在美学教育教师培训中，美学理论、教学方法、艺术鉴赏等方面都是重要的议题领域。通过明确界定讨论的范围，可以将讨论集中在具体的主题或问题上，使讨论更加有针对性和实质性。

例如，如果讨论的议题是关于美学教育的评估方法，明确范围可以是各种评估工具的比较、评估标准的制订或评估结果的应用等。这样一来，参与者可以在明确的范围内就具体议题展开讨论，避免过度泛化或偏离主题。

（二）确定讨论的边界

明确投入议题的范围有助于确定讨论的边界。每个议题都有其特定的范围和边界，通过明确定义，可以避免讨论过度扩散或偏离议题的核心内容，这有助于保持讨论的聚焦性和有效性。

例如，如果讨论的议题是关于教师在美学教育中的角色，明确范围就是教师的教学策略、学生激励、课程设计等方面。这样一来，讨论可以在这些具体的领域内展开，参与者可以分享自己的经验和观点，并从其他参与者那里获取有关这些特定领域的见解。

（三）提供明确的方向

明确投入议题的范围有助于为讨论提供明确的方向和目标。参与者可以根据议题范围

明确自己的学习目标和参与目的，并相应地准备和参与讨论。这样一来，讨论将更有目的性和指导性，参与者可以更有效地分享和获取知识，实现个人和集体的学习目标。

例如，如果讨论的议题是关于艺术鉴赏的教学策略，明确范围可以是鉴赏技巧的培养、艺术作品的选择和解读、学生参与的方式等。在这样明确定义的范围内，参与者可以就这些具体议题展开讨论，并分享自己的经验和观点。这样，讨论就能够更加有针对性地探讨如何有效教授艺术鉴赏，而不会涉及过多的其他相关议题。

（四）避免讨论偏离教育目标和实践需求

在美学教育教师培训中，教师的目标是培养学生的审美能力、艺术欣赏和创造能力等。通过明确讨论的范围，可以确保讨论围绕着这些教育目标展开，从而更好地服务于教师的实际需求。

（五）有助于防止讨论过度复杂化

美学教育涉及众多复杂的理论和实践领域，如果没有明确的范围和目标，讨论很容易变得混乱和无效。通过界定议题的范围，可以将讨论集中在特定领域或问题上，使讨论更加有针对性、深入和具体化。

总之，明确投入议题的范围对康斯坦茨困境讨论法在美学教育教师培训中的应用至关重要。它有助于确立讨论的焦点，避免讨论过于宽泛或狭窄，提供明确的方向和目标，并保持讨论的聚焦性和有效性。通过明确定义议题的范围，参与者可以更好地理解讨论的范围和边界，并更有针对性地准备和参与讨论，实现个人和集体的学习目标。

二、明确投入议题的目标有助于设定讨论的期望和方向

每个讨论都应该有明确的目标，如深入探讨特定的美学概念、分享教学经验、解决教学难题等。通过明确目标，参与者可以明确自己的期望和关注点，从而更有目的地参与讨论。此外，明确的目标还有助于引导讨论的开展，确保参与者围绕着共同的目标展开交流，避免偏离主题或陷入无效的讨论。

（一）有助于设定讨论的期望

通过明确目标，参与者可以明确自己希望在讨论中实现什么样的结果。例如，目标可能是深入理解某个艺术概念的内涵，探索创新的教学策略，或解决在教学实践中遇到的问题。这样的明确目标可以激发参与者的积极性和主动性，使讨论更加有针对性和富有成效。

（二）有助于设定讨论的方向

目标可以作为指导讨论的纲领，确保讨论围绕着共同的目标展开。参与者可以根据目标的导向，提出相关的问题、分享相关的经验和观点，并探索解决方案。这种明确的方向性有助于保持讨论的一致性和连贯性，确保讨论不偏离主题或陷入无效的讨论。

（三）帮助参与者评估讨论的成果和有效性

通过对比讨论结果与目标，可以确定讨论是否达到了预期的结果，并评估讨论对参与者个人和教师培训的价值。这样的反思和评估可以为进一步的学习和发展提供指导，帮助参与者在教学实践中应用所获得的知识和观点。

在美学教育教师培训中，明确投入议题的目标是确保讨论的目的性和有效性的关键。通过明确定义目标，参与者可以明确自己的期望和关注点，并更有目的地参与讨论。同时，明确的目标也可以引导讨论的开展，确保讨论围绕着共同的目标展开，避免偏离主题或陷入无效的讨论。最终，明确的目标有助于参与者评估讨论的成果和有效性，为个人和集体的学习和发展提供指导。

三、明确投入议题的范围和目标可以为讨论提供结构和引导

在康斯坦茨困境讨论法中，引导者可以在讨论开始前明确界定议题，并设定讨论的目标和时间框架。这样的结构有助于参与者在讨论中更加有序地表达观点、倾听他人、开展辩论和总结。同时，结构也可以帮助引导者引导讨论，确保讨论沿着既定的方向和目标前进。

（一）提供讨论的结构

在讨论开始前，引导者可以明确界定讨论的具体议题和范围，将广泛的话题限定在特定的领域或具体的问题上。这样的界定有助于避免讨论过于宽泛或模糊，使讨论更加集中和具体。参与者可以更清楚地知道讨论的重点和方向，从而更好地准备和参与讨论。

（二）为讨论提供引导

目标可以包括讨论要达成的具体成果、期望解决的问题或探索的方向。这样的目标有助于引导参与者的思考和表达，确保讨论紧密围绕目标展开，避免偏离主题或陷入无关的讨论。引导者可以根据目标引导参与者提出问题、分享观点、开展辩论，并帮助总结讨论结果。

（三）有助于引导者在讨论中控制时间框架

通过设定讨论的时间限制，可以确保讨论不会过于拖延或仓促。时间限制可以促使参与者高效地表达观点、回应他人、提出问题和总结讨论成果。同时，还可以让参与者有机会在规定的时间内深入讨论议题，提高讨论效率和成果。

通过提供结构和引导，明确的范围和目标使得讨论更加有序并富有针对性。参与者可以更好地准备和参与讨论，引导者可以更好地引导讨论，确保讨论沿着既定的方向和目标前进。这种明确的结构和引导为讨论的有效性和成果提供了保障。

四、明确投入议题的范围和目标可以帮助参与者准备和准备相关材料

参与者可以在讨论开始前收集相关的文献、案例研究或教学经验，以支持自己的观点和参与讨论。明确的议题范围和目标可以指导参与者在准备过程中更有针对性地寻找相关

材料，并为讨论提供支持和参考。

（一）帮助参与者确定需要收集和准备的材料类型和来源

不同的议题可能涉及不同的领域、理论框架或实践经验。明确范围可以让参与者明确自己所需的信息来源，如学术期刊、专业书籍、案例研究或实际教学经验。参与者可以有针对性地收集与议题相关的材料，以便在讨论中提供有力的支持和参考。

（二）引导参与者准备与目标一致的相关材料

讨论的目标可能包括深入探讨特定的美学概念、分享教学经验、解决教学难题等。参与者可以根据目标选择与之相关的材料，并深入研究和分析。这些材料可以是相关的理论文献、案例研究报告、教学实践的反思和记录等。准备与目标一致的材料有助于参与者在讨论中提供有深度和实质性的观点和支持。

（三）帮助参与者从多个角度和维度准备相关材料

议题的范围和目标可能涉及多个方面，如理论研究、教学实践、学生反馈等。参与者可以从不同的角度和维度收集和准备相关材料，以便在讨论中能够综合考虑和呈现多个观点。这样的多角度准备可以为讨论提供更全面、深入和多元化的视角，丰富讨论的内容和质量。

（四）激发参与者主动寻求和准备相关材料的积极性

明确的范围和目标可以帮助参与者明确自己的任务和责任，意识到准备相关材料的重要性。参与者可以自主地开展文献搜集、案例分析、实践反思等，以充实自己的知识和准备讨论所需的材料。他们可以积极主动地寻找和筛选与议题相关的文献、案例和实践经验，以支持自己的观点和参与讨论。这种主动准备的过程不仅有助于参与者的个人学习和发展，也为讨论提供了更多的资源和参考。

总之，明确投入议题的范围和目标在美学教育教师培训中是至关重要的。它不仅帮助参与者有针对性地准备和收集相关材料，而且激发了他们主动寻求和研究相关内容的积极性。通过准备相关材料，参与者能够在讨论中提供有深度、有实质性的观点和支持，进一步促进讨论的质量和效果。因此，在美学教育教师培训中应明确议题范围和目标的重要性，并在讨论开始前给予适当的引导和指导。

五、明确投入议题的范围和目标还有助于评估讨论的成效和有效性

通过明确定义议题的范围和目标，参与者和引导者可以在讨论结束后评估和总结讨论的结果。他们可以回顾讨论的过程，检查是否达到了预期的目标，讨论是否围绕着议题开展，并评估讨论的质量和效果。这种评估有助于发现讨论中的优点和改进的空间，以提高未来讨论的质量和价值。

（一）评估讨论结果

参与者和引导者可以在讨论结束后评估讨论的结果。他们可以回顾讨论的过程，回顾讨论是否围绕着议题展开，参与者是否在讨论中充分地探讨议题，并评估讨论的质量和效

果。这种评估可以通过观察讨论的结果、参与者的参与程度以及讨论中提出的观点和论证进行。评估的结果可以帮助参与者和引导者了解讨论的优点和不足之处，为未来的讨论提供改进的方向。

（二）评估讨论的成效

在讨论过程中，参与者可以根据讨论的目标衡量讨论的成效。例如，如果讨论的目标是深入探讨一个特定的美学概念，参与者可以评估讨论中对该概念的理解和分析程度；如果讨论的目标是分享教学经验，参与者可以评估讨论中的案例和实践经验是否能够提供有益的教学参考。通过评估讨论的成效，参与者可以了解讨论是否达到了预期的目标，并据此调整和改进。

（三）评估讨论的有效性

有效的讨论应该能够激发参与者的思考、促进新的见解和观点的产生，并在最终形成共识或决策时达成一定的共识。通过评估讨论的有效性，参与者和引导者可以了解讨论是否能够满足这些要求。他们可以考察讨论中是否有新的观点和见解被提出，参与者是否能够充分表达自己的意见，并最终是否能够达成共识或决策。通过评估讨论的有效性，可以发现讨论中的优点和改进的空间，从而进一步提高未来讨论的质量和价值。

明确投入议题的范围和目标不仅能在讨论过程中提供方向和焦点，还能在讨论结束后帮助评估讨论的成效和有效性。具体来说，明确投入议题的范围和目标对讨论的结构和引导起着重要作用。

六、明确议题范围和目标还可以为参与者提供更明确的学习和发展方向

在美学教育教师培训中，每个议题都代表着一部分专业知识和技能。通过明确界定议题，参与者可以明确自己在这一领域中的学习目标，并针对性地开展学习和实践。这种明确的学习方向可以帮助参与者更有目的地提升自己在美学教育中的专业能力和素养。

（一）学科知识的深入理解

明确的议题范围帮助参与者明确学习和研究的方向，使他们能够深入探索和理解特定的美学概念、理论或方法。例如，一个明确的议题可以围绕美学哲学中的某一学派或理论进行，参与者可以针对该议题深入学习相关的文献、研究和批评，以加深对该领域的理解和掌握。

（二）技能和实践的发展

明确的议题目标可以帮助参与者明确自己在特定技能和实践方面的发展目标。例如，一个议题可以涉及艺术鉴赏和批评的方法和技巧，参与者可以针对该目标学习和练习相关的技能，提升自己在艺术鉴赏方面的能力。明确的目标可以指导参与者选择合适的学习资源、参与实践活动和接受培训，以提高相关技能，积累实践经验。

（三）教学策略和方法的优化

明确的议题范围和目标可以帮助参与者思考和探索在美学教育中的教学策略和方法。参与者可以根据议题的要求和目标，探索不同的教学方法、教学资源和评估方式，以提高自己在美学教育中的教学效果和学生的学习成果。明确的目标可以激发参与者思考和尝试创新的教学策略，促进其教学实践的不断发展和改进。

（四）学习社群的建立和交流

明确的议题范围和目标为参与者提供了一个共同的学习目标和话题，促进了学习社群的建立和交流。参与者可以在讨论中分享自己的学习成果、经验和观点，与其他参与者互动和讨论，共同探索和解决问题。这种学习社群的建立和交流为参与者提供了一个相互学习和支持的平台，使他们能够相互借鉴、合作和共同成长。

总结来说，明确投入议题的范围和目标在康斯坦茨困境讨论法的应用中起着重要的作用。通过明确界定议题，参与者可以集中精力、确立讨论的目标，并为讨论提供结构和方向。这有助于确保讨论的有效性、参与者的准备和参与度，并为讨论的成果评估和学习发展提供指导。在美学教育教师培训中，明确议题范围和目标可以帮助参与者在教学实践中更好地理解美学教育的本质和价值，拓宽自己的教育视野，提升自己的能力。

第二节　简短陈述：参与者就投入议题陈述观点和立场

康斯坦茨困境讨论法在美学教育教师培训中的应用中，参与者可以就投入议题陈述自己的观点和立场。这种方法为不同利益相关者提供了一个开放和包容的平台，让他们能够坦诚地表达自己的想法和意见。陈述可以促进对各方立场和需求的理解，推动共识的达成。这种积极的参与和表达有助于确立议题的范围和目标，并为美学教育教师培训的发展提供重要的参考和指导。

一、为不同利益相关者提供发声的机会

康斯坦茨困境讨论法在美学教育教师培训中创造了一个平等的环境，让不同利益相关者有机会陈述自己的观点和立场，包括教师、学生、学校管理者、家长、艺术专家等各方的代表。每个参与者都可以就议题表达自己的看法和意见，不受地位或身份的限制。这种平等的机会促使各方能够平等参与讨论，并使他们感到被尊重和重视。

（一）创造平等的机会

康斯坦茨困境讨论法为不同利益相关者提供平等的机会陈述观点和立场。教师、学生、学校管理者、家长、艺术专家等各方代表都可以参与讨论，并表达自己对美学教育教师培训的看法和意见。这种平等的机会消除了地位和身份的限制，让每个参与者都感到被尊重和重视。

（二）尊重和包容的态度

康斯坦茨困境讨论法强调尊重和包容不同观点。在讨论过程中，不同利益相关者的观点和立场会得到平等对待，且其他参与者需要倾听和尊重这些观点。这种尊重和包容有助于建立积极的讨论氛围，让每个人都感到被听取和理解。通过这种对不同观点的尊重，参与者能够更好地理解彼此的观点和需求，从而促进共识的形成。

（三）提供安全的环境

康斯坦茨困境讨论法提供了一个安全的环境，鼓励参与者真实表达自己的观点和立场。参与者可以在没有威胁或恐惧的氛围下陈述自己的意见，而不用担心被批评或指责。这种安全的环境有助于激发参与者的积极性和创造性，使他们能够自由地表达自己的观点和想法。

通过对不同观点和立场的陈述，康斯坦茨困境讨论法促进了跨学科和跨领域的交流与合作。不同利益相关者的观点和经验能够相互借鉴和补充，促进共同学习和共同成长。通过这种跨学科的交流，教师可以从学生、学校管理者和艺术专家的角度获得新的收获，学生可以从教师和家长的经验中受益。这种合作和交流有助于促进各方之间的理解和合作，共同推动美学教育教师培训的发展。

康斯坦茨困境讨论法的应用在美学教育教师培训中为不同利益相关者提供发声的机会，让他们就投入议题陈述自己的观点和立场。通过创造平等机会、尊重和包容不同观点、提供安全环境以及促进跨学科交流与合作，可以实现多元性、包容性和公正性的目标。这种应用有助于增加各方参与的积极性和创造性，促进各方之间的理解和合作，从而推动美学教育教师培训的进步和发展。

二、促进多元观点的交流

康斯坦茨困境讨论法的应用鼓励各方利益相关者就投入议题陈述自己的观点和立场。通过让参与者就投入议题陈述自己的观点和立场，不同利益相关者能够分享各自独特的观点、经验和观察。这种多元观点的交流涵盖了来自不同领域的见解和意见，拓宽了对美学教育教师培训议题的认识。

教师作为教育实践的主要执行者，他们的观点和立场关系着具体的教学方法、教学效果和学生表现。他们可以分享自己在课堂中的实践经验，探讨有效的教学策略和教育创新的想法。学生作为教育的受益者，可以就个人需求、学习体验和期望陈述自己的观点，也可以表达对教学内容、评估方式和学习环境的看法，为教师培训提供学生的声音和反馈。

学校管理者作为教育机构的管理者，关注着资源分配、教学质量和教育政策。他们可以分享学校管理和组织的经验，提出关于师资培训、课程规划和教学设施的建议。艺术专家作为领域内的专业人士，对艺术素养、创造性发展和艺术教育有着独特的见解。他们可以提供专业的艺术知识和实践经验，为美学教育教师培训的艺术教育内容和方法提供专业意见。

通过参与者的陈述，美学教育教师培训的决策者和参与者能够接触到多元的观点和思维方式。这些不同领域的观点相互交叉、相互启发，为教师培训提供了更全面的视角。从教师、学生、学校管理者和艺术专家的不同角度出发，可以更好地理解美学教育教师培训的目标、机遇和挑战。这种多元观点的交流为教师培训提供了丰富的资源和思考的广度，推动教育的创新和发展。

总结而言，康斯康斯坦茨困境讨论法的应用在美学教育教师培训中，为不同利益相关者提供发声的机会，促进了多元观点的交流。这种多元观点的交流对美学教育教师培训具有重要的意义。

三、增进对不同立场和需求的理解

参与者就投入议题陈述自己的观点和立场，有助于他人更好地理解自己的观点和需求。通过倾听和对话，可以深入了解自己的动机、期望和关切。这种理解能够消除误解和偏见，促进对各方立场的尊重和包容。通过理解他人的观点和需求，可以更好地协调各方的利益，减少冲突和分歧，推动合作解决问题。

（一）深入了解他人的动机和期望

当参与者就投入议题陈述自己的观点和立场时，其他人可以通过倾听和对话的方式深入了解他们的动机和期望。通过倾听他人的表达，可以得知他们关注的问题、期望的改变以及培训教师的具体目标。深入了解他人的动机和期望有助于增进对其立场和需求的理解。

（二）消除误解和偏见

通过参与者之间的陈述和对话，可以消除误解和偏见。有时，我们可能会对他人的立场和观点存在误解或先入为主的看法。然而，当给予他人发声的机会，倾听他们的观点和立场时，我们能够更全面地了解他们的想法，并逐渐消除彼此的误解和偏见。这种消除误解和偏见的过程有助于建立更加包容和尊重的讨论氛围。

（三）促进对多样立场的尊重和包容

参与者就投入议题陈述自己的观点和立场，有助于促进对多样立场的尊重和包容。教师培训中涉及不同背景、经验和专业领域的参与者，他们可能持有不同的观点和立场。通过参与者之间的交流和理解，可以更好地认识到每个人立场的合理性和重要性，从而增强对多样立场的尊重和包容。

（四）协调各方利益，减少冲突和分歧

参与者就投入议题陈述观点和立场的过程，有助于协调各方的利益，减少冲突和分歧。当不同利益相关者能够表达自己的观点和需求时，可以更好地了解彼此的利益关系，并寻找共同的利益点和解决方案。通过协商和合作，可以减少利益冲突，促进合作解决问题。

投入议题陈述观点和立场的过程可以增进参与者对不同立场和需求的理解。通过倾听

和对话，我们能够深入了解他人的动机、期望和关切，从而建立更加全面和准确的认识。

四、推动共识的形成

康斯坦茨困境讨论法的应用能够推动共识的形成。通过参与者就投入议题陈述自己的观点和立场，可以促进各方之间的对话和交流。在这种对话和交流的过程中，参与者能够逐渐理解彼此的观点和需求，发现共同的利益点和目标。通过积极的讨论和协商，可以寻求共同的解决方案，达成共识。共识的形成有助于减少冲突和分歧，增强各方之间的合作和团结，为美学教育教师培训的议题界定提供共同的基础。

（一）对话和交流的平台

康斯坦茨困境讨论法为不同利益相关者提供了一个平等开放的对话和交流的平台。参与者可以自由表达自己的观点和立场，与其他人讨论和互动。这种平等和开放的对话环境为促进共识的形成创造了有利条件。

（二）理解彼此的观点和需求

参与者就投入议题陈述自己的观点和立场，可以促使彼此更好地理解对方的观点和需求。通过倾听和对话，参与者可以深入了解他人的动机、期望和关切。这种理解有助于消除误解和偏见，增强对各方立场的尊重和包容。

（三）发现共同的利益点和目标

通过参与者的陈述和交流，可以发现各方之间存在的共同的利益点和目标。尽管不同利益相关者可能有不同的观点和需求，但在对话和协商的过程中，可以找到彼此的共同利益和目标。这种共同点的发现为达成共识奠定了基础。

（四）积极地讨论和协商

康斯坦茨困境讨论法鼓励积极的讨论和协商，以寻求共同的解决方案。参与者可以在一个相互尊重和开放的环境中深入讨论，针对议题提出不同的观点和建议。通过各方之间的协商和妥协，可以逐步接近一致，并最终达成共识。

（五）减少冲突和分歧

通过推动共识的形成，康斯坦茨困境讨论法有助于减少冲突和分歧。当各方能够理解彼此的观点和需求，并寻求共同的解决方案时，可以减少立场的对立和冲突。共识的形成可以为各方提供共同的目标和方向，促进合作和团结。

共识的形成不仅涉及当下的一致，还涉及共识的持久性和影响力。通过建立持久的合作关系，理解彼此的观点和需求，并在共同的目标下积极地讨论和协商，可以达成共识，并推动美学教育教师培训的发展。共识的形成需要参与者保持开放的心态，积极解决存在的问题，并不断追求教育实践的创新和改进。共识的持久性和影响力将为美学教育教师培训提供一个稳定和可持续的发展方向，并推动实际变革和改进。

在美学教育教师培训中运用康斯坦茨困境讨论法时，参与者就投入议题陈述自己的观点和立场，通过这种开放的讨论和交流，可以实现增进理解、减少冲突、促进合作的目标。这种方法为不同利益相关者提供了平等的机会，促进多元观点的交流，增进对不同立场和需求的理解，推动共识的形成。通过康斯坦茨困境讨论法的应用，可以建立合作关系、增强合作意愿，为美学教育教师培训的议题界定提供重要的参考和指导。

第三节　理解和回应：促进参与者之间的理解和互动

在美学教育教师培训中，康斯坦茨困境讨论法的应用可以促进参与者之间的理解和互动。通过参与者就投入议题陈述自己的观点和立场，可以增进对彼此观点的理解，并为回应和对话提供了机会。

一、激励主动倾听和理解

康斯坦茨困境讨论法鼓励参与者在讨论中主动倾听和理解他人的观点。通过仔细聆听他人的陈述，参与者可以更好地理解对方的立场、动机和意图。这种主动倾听和理解的态度有助于减少片面的判断和偏见，并为建立互信关系，达成共识奠定基础。

（一）创造尊重和开放的环境

康斯坦茨困境讨论法在美学教育教师培训中创造了一个尊重和开放的环境，鼓励参与者主动倾听和理解他人的观点。在这样的环境中，每个参与者都被鼓励以平等的态度对待他人的意见和立场。这种尊重和开放的环境为参与者提供了一个安全的空间，使他们愿意倾听和接纳不同的观点。

（二）减少片面的判断和偏见

通过主动倾听和理解他人的观点，参与者可以减少片面的判断和偏见。康斯坦茨困境讨论法鼓励参与者以开放的心态倾听他人的陈述，并尝试从对方的角度理解他们的立场和动机。这种倾听和理解的过程可以打破人们对自己立场的坚守和偏见，从而更全面地认识问题的多样性和复杂性。

（三）建立互信和共识的基础

主动倾听和理解他人的观点为建立互信和共识奠定了基础。当参与者展现出对他人观点的兴趣和尊重时，其他参与者也更愿意分享自己的观点和经验。这种相互倾听和理解的互动加强了参与者之间的联系和合作，为建立共识提供了更坚实的基础。

（四）拓宽视野和观察角度

通过主动倾听和理解他人的观点，参与者可以拓宽自己的视野和观察角度。每个人都有自己的经验和知识背景，这导致了对问题有不同的认知和看法。通过倾听他人的陈述，参与者可以从不同的观察角度看待问题，获得新的视野和思考方式。这种拓宽视野和观察角度有助于参与者更全面地理解问题，并为寻求共识提供了更多的可能性。

（五）培养同理心和共情能力

主动倾听和理解他人的观点有助于培养参与者的同理心和共情能力。通过关注他人的经历、动机和感受，参与者可以更深入地体会和理解他们表达的观点。这种共情的能力使参与者能够更好地感受和体验他人的立场，进而更有效地与他人沟通和互动。共情能力的培养有助于减少冲突和误解，促进形成理解和和谐的关系。

（六）建立积极的对话和互动模式

主动倾听和理解他人的观点为建立积极的对话和互动模式提供了基础。当参与者表现出对他人观点的真正兴趣和理解时，其他参与者也会感受到被重视和听取的态度。这种积极的对话和互动模式可以鼓励参与者更加开放和坦诚的交流，减少争论和阻碍合作的因素。通过建立积极的对话和互动模式，参与者之间可以更加深入地交流和合作，从而达成共识。

（七）促进反思和自我认知

主动倾听和理解他人的观点有助于促进参与者的反思和自我认知。当参与者聆听他人的观点时，不仅能够了解他人的立场，也能够反思和评估自己的观点。这种反思和自我认知的过程可以帮助参与者更好地理解自己的价值观、偏见和局限性，从而以开放心态接纳他人的观点。通过反思和自我认知，参与者可以提升自己的思维和沟通能力，更好地参与讨论和互动。

总结而言，康斯坦茨困境讨论法在美学教育教师培训中的应用通过推动参与者之间的主动倾听和理解，促进了参与者之间的理解和互动。这种倾听和理解的过程有助于减少片面的判断和偏见，建立互信和共识的基础。同时，它也拓宽了参与者的视野和观察角度，培养了参与者的同理心和共情能力。通过建立积极的对话和互动模式，参与者能够更好地反思和自我认知，提升自己的思维和沟通能力。

二、促进对多样观点的尊重和包容

康斯坦茨困境讨论法的应用可以帮助参与者增进对多样观点的尊重和包容。通过参与者就议题陈述自己的观点和立场，其他参与者有机会深入了解不同的观点。这种对多样观点的理解有助于减少偏见和歧视，并为建立包容性的教师培训环境打下基础。

（一）认识多样性的重要性

康斯坦茨困境讨论法的应用提醒参与者意识到多样性的重要性。在美学教育教师培训中，参与者来自不同的背景、文化和学科领域，拥有不同的观点和经验。通过参与者就议题陈述自己的观点，其他参与者能够深入了解不同的观点和立场。这种多样性的认识有助于培养参与者对多样观点的尊重和包容的意识。

（二）减少偏见和歧视

康斯坦茨困境讨论法的应用有助于减少偏见和歧视。通过参与者的观点陈述和交流，其他参与者能够更全面地了解不同观点的动机和意图。这种对多样观点的理解可以打破对特定观点的偏见和歧视，促进参与者之间的相互理解和尊重。在尊重和包容的环境中，参与者能够更好地倾听他人的观点，并以开放的心态对待多样性。

（三）培养开放心态和接受不同意见

康斯坦茨困境讨论法的应用培养了参与者的开放心态和接受不同意见的能力。通过参与者的观点陈述和回应，其他参与者可以学习如何接纳和理解不同的观点。这种开放心态和接受不同意见的能力使参与者能够更加包容和尊重不同的观点和经验。在这样的环境中，参与者能够更好地与他人互动和合作，共同探索问题的解决方案。

（四）促进合作和团结

康斯坦茨困境讨论法的应用促进了参与者之间的合作和团结。通过参与者对多样观点的尊重和包容，可以建立起相互信任和理解的基础。参与者能够意识到每个人的观点都是有价值的，并尊重其他人的贡献。这种合作和团结的氛围有助于凝聚共识和解决问题，为美学教育教师培训提供了一个积极的合作环境。

总结起来，康斯坦茨困境讨论法在美学教育教师培训中的应用通过促进对多样观点的尊重和包容，提供了一个积极合作的环境，增加了教育的全面性和包容性，还促进了跨文化交流和理解，培养了学生的批判性思维和公民意识，以及学习者的自主性和自我表达能力。

三、提供积极的回应和对话

康斯坦茨困境讨论法的应用为参与者提供了积极回应和对话的机会。在参与者就议题陈述观点后，其他参与者可以就观点回应、提出问题或表达异议。这种积极的回应和对话促进了参与者之间的互动和深入交流，有助于进一步理解彼此的观点和立场。

（一）鼓励开放和尊重的回应

康斯坦茨困境讨论法鼓励参与者给予开放和尊重的回应。当一个参与者就某个议题陈述自己的观点时，其他参与者被鼓励以开放的心态对待，避免过度批评或负面评价。相反，参与者应尽量提出建设性的问题、分享相关经验或提供其他观点作为补充。这种开放和尊重的回应有助于营造一个安全和鼓舞人心的讨论环境，使参与者更愿意分享和参与互动。

（二）促进深入地讨论和探索

康斯坦茨困境讨论法的应用通过积极的回应和对话促进了参与者之间的深入讨论和探索。当一个参与者陈述观点后，其他参与者可以提出问题、提供支持性的证据或展开相关讨论。这种深入的讨论和探索有助于参与者更全面地理解议题，并从不同角度思考问题。通过积极的回应和对话，参与者能够共同探索议题的多样性和复杂性，促进理解和共识的形成。

（三）鼓励尊重和平等的对话

康斯坦茨困境讨论法鼓励参与者之间尊重和平等的对话。参与者应该给予彼此相同的关注和机会，确保每个人的观点得到平等对待。通过平等的对话，参与者能够更好地理解彼此的观点和立场，同时也感受到被尊重和被重视。这种尊重和平等的对话有助于营造一个合作和包容的氛围，鼓励参与者积极的交流和互动。

（四）提供反馈和进一步思考的机会

康斯坦茨困境讨论法的应用为参与者提供了反馈和进一步思考的机会。当一个参与者陈述观点后，其他参与者可以提供反馈，包括表达认同、提出疑问或提供进一步的思考建议。这种反馈和进一步思考的机会有助于参与者深化对议题的理解，并促进对话的延伸和深入。参与者可以提出具体的问题或观点，鼓励其他参与者进一步探索和阐述自己的立场。这种互相促进的反馈和进一步思考的机会为参与者提供了更多的视角和思考的空间，有助于拓宽他们的认知范围，增强解决问题的能力。

四、促进知识共享和专业发展

康斯坦茨困境讨论法的应用促进了知识共享和专业发展的机会。通过参与者的观点陈述和回应，各方能够分享自己的知识、经验和专业见解。这种知识共享和专业发展的过程有助于参与者的学习和成长，以及专业素养和能力的提升。

（一）共享丰富的知识和经验

康斯坦茨困境讨论法的应用提供了一个平台，让参与者能够共享自己丰富的知识和经验。每个参与者在教育领域都有独特的专业背景和经历，通过陈述自己的观点和回应他人，他们能够分享自己的专业知识、实践经验和教学方法。这种知识共享的过程有助于参与者互相学习和汲取他人的经验，从而丰富自己的专业知识和教学技能。

（二）拓宽专业视野和观念

康斯坦茨困境讨论法的应用拓宽了参与者的专业视野。通过与其他参与者分享和讨论不同的观点和经验，教师能够了解到不同的教学方法、课程设计和评估策略。这种专业视野的拓宽有助于参与者思考和反思自己的教学实践，发现新的教学资源和策略，并将其应用于自己的教学中。通过不断开放和共享，参与者能够不断发展和完善自己的专业观念和教育理念。

（三）激发专业交流和合作

康斯坦茨困境讨论法的应用激发了参与者之间的专业交流和合作。通过参与者的观点陈述和回应，他们能够相互启发和激发新的思考。这种专业交流和合作有助于参与者之间的互动和深入讨论，从而共同解决教学中的挑战和问题。通过合作，参与者能够共同构建知识体系、创新教学方法，并共同推动美学教育领域的发展。

（四）促进专业发展和成长

康斯坦茨困境讨论法的应用促进了参与者的专业发展和成长。通过与其他参与者的交流和对话，参与者能够不断学习新的教学理念、研究成果和行业趋势。这种专业发展的过程激发了参与者的学习和思考，推动参与者在美学教育领域的专业成长。通过康斯坦茨困境讨论法的应用，参与者有机会接触到来自不同背景和专业领域的观点和知识，从而拓宽了专业视野。这有助于激发参与者的创造力和创新思维，促使他们在教学实践中尝试新的方法和策略。

五、培养批判性思维和沟通技巧

康斯坦茨困境讨论法的应用培养了参与者的批判性思维和沟通技巧。通过参与者就议题陈述自己的观点和立场，并与他人展开对话，参与者不仅能够加强自己的批判性思维，还可以学习和借鉴他人的观点和论证方式。这种培养批判性思维和沟通技巧的过程有助于参与者提升分析问题、评估证据和表达观点的能力，从而更有效地参与教师培训的讨论和实践。

（一）培养批判性思维能力

康斯坦茨困境讨论法鼓励参与者就议题陈述自己的观点和立场，同时要求他们对他人的观点开展批判性思考。通过参与者之间的对话和辩论，培养了深入分析和评估问题的能力。参与者需要学会提出有力的论据、辨别逻辑漏洞、评估证据的可靠性，并提出有力的反驳。这种批判性思维能力的培养不仅对教师的专业发展至关重要，还有助于在教学实践中更好地引导学生思考和发展批判性思维能力。

（二）加强分析问题和解决问题的能力

康斯坦茨困境讨论法的应用促使参与者学会分析问题和解决问题。在讨论中，参与者需要面对复杂的议题和多元的观点，需要深入思考问题，并找到解决问题的途径。他们需要将问题拆解成各个要素，并评估不同观点的优劣之处。通过这种思维过程，参与者能够培养分析和解决问题的能力，为美学教育教师培训提供更有效的方案和策略。

（三）提升论证和表达观点的能力

康斯坦茨困境讨论法的应用要求参与者充分论证和合理表达自己的观点。在讨论中，参与者需要清晰地表达自己的观点，并用有力的论据支持自己的观点。这要求他们选择有效的语言和逻辑结构，使自己的观点能够被他人理解和接受。通过这种讨论和表达的过程，参与者能够提升自己的沟通和表达能力，为教学实践中的教学和演讲提供更精准和有说服力的表达方式。

（四）促进多元观点的接纳和尊重

康斯坦茨困境讨论法的应用鼓励参与者接受和尊重不同的观点和立场。参与者在讨论中将遇到来自不同背景和经验的人，他们可能持有截然不同的观点和立场。通过批判性思维和沟通技巧的培养，参与者能够更好地理解和尊重多元观点，能够从不同的角度看待问题，并开放地接受他人的观点，即使这些观点与自己的立场相悖。这种多元观点的接纳和尊重有助于建立一个包容性的讨论环境，鼓励参与者开展富有成效的对话和合作。

康斯坦茨困境讨论法在美学教育教师培训中的应用通过培养参与者的批判性思维和沟通技巧，促进了他们之间的理解和互动。参与者通过培养批判性思维，能够更好地分析问题、评估证据和推理，并提出合理的解释和论证；还能够倾听他人的观点、尊重多元观点，并加强团队合作和协作能力。同时，通过反思和自我评估，参与者不断提升自己的表达方式、思考方式和决策能力，为教育实践提供更有效的指导和引导。

总结而言，康斯坦茨困境讨论法的应用在美学教育教师培训中推动参与者之间的理解和互动。通过观点的陈述和回应，参与者加深对彼此观点的理解，促进知识共享和专业发展，培养批判性思维和沟通技巧，建立合作与协作的氛围，加深对教育议题的思考和理解。这样的互动和理解有助于提升教师培训的质量和效果，推动教育实践的创新和进步。

第四节　修正立场：参与者在理解他人观点的
基础上调整自己的立场

在美学教育教师培训中，康斯坦茨困境讨论法的应用可以帮助参与者修正自己的立场。通过与他人交流和理解他们的观点，参与者有机会重新评估自己的立场，并在必要时做出调整。

一、开放心态和理解他人观点

康斯坦茨困境讨论法鼓励参与者采取开放的心态理解他人的观点。在讨论过程中，参与者会遇到来自不同背景、经验和观念的他人。通过倾听和理解他人的观点，参与者可以超越自身的立场和偏见，更全面地认识问题的各个方面。这种开放心态和理解他人观点的能力为修正个人立场奠定了基础，有以下五种作用。

（一）开放心态与倾听能力

康斯坦茨困境讨论法的核心之一是鼓励参与者采取开放的心态理解他人的观点。这意味着在讨论中，参与者应该摒弃偏见和预设立场，以开放的态度聆听他人的观点。这种开放心态为建立有效的对话和理解他人观点提供了基础。通过倾听他人的意见和经验，参与者可以拓宽自己的视野，了解不同的观点和立场，并从中受益。

（二）超越个人偏见

开放心态有助于参与者超越个人的偏见和偏好。每个人都有自己的经验、文化背景和教育背景，这些因素会对个人的立场和观点产生影响。然而，通过开放心态，参与者能够超越这些个人偏见，从不同的角度思考问题，认识到不同观点的合理性，并更全面地理解问题的复杂性。这种超越个人偏见的能力为参与者修正自己的立场提供了可能。

（三）主动倾听和理解他人观点

开放心态需要参与者具备良好的倾听和理解他人的能力。参与者应该展现出真诚的兴趣和尊重，认真倾听他人的陈述，并努力理解他人观点背后的动机和意图。通过与他人对话并提出问题，参与者可以更好地理解他人观点的逻辑和论证，并进一步反思自己的立场。这种主动倾听和理解他人观点的能力是培养开放心态和修正个人立场的重要步骤。

（四）挑战自身认知

开放心态还要求参与者对自己的认知和观点保持持续的挑战和反思。通过与他人的交流和理解他人的观点，参与者能够意识到自己可能存在的局限性和不完全性。这种意识能够激发参与者主动思考和调整自己的立场。参与者应该勇于面对自己的盲点和认知偏差，并通过与他人的互动纠正和完善自己的观点。这种挑战自身认知的能力对修正立场至关重要。

（五）借鉴他人观点

开放心态还包括肯定和认同他人观点的价值。通过开放心态理解他人观点，参与者可以发现他人观点中的价值和可取之处。每个人都有独特的经验和见解，因而他人的观点可能涉及新颖的思考方式、不同的文化背景或丰富的专业知识。参与者可以从他人的观点中获得启发，并借鉴其中的优点和创新思维。这种借鉴他人观点的能力不仅能够丰富自己的思考，还能够丰富自己的教学方法和教学策略。

在开放心态下，参与者还应尊重和重视他人观点的多样性。教育领域涉及多个学科、多种教育理念和方法，因而参与者应意识到多样观点的重要性，尊重他人的观点，不论是否与自己的立场相符，这样才能够建立起互相尊重和包容的讨论环境。在这种包容性的环境中，参与者可以更自由地分享和交流，从而推动彼此的理解和学习。

开放心态和理解他人观点的能力也培养了参与者的人际交往技巧和沟通能力。在康斯坦茨困境讨论法的应用中，参与者需要学会与他人有效地对话和交流，能够表达自己的观点和想法，并倾听他人的观点，以建立良好的沟通和合作关系。通过这种交流和对话，参与者能够进一步提升自己的沟通技巧，包括表达清晰、逻辑思维、尊重他人和有效倾听等方面的能力。这些技能对教师在教学过程中与学生、家长和同事之间的交流至关重要。

最后，开放心态和理解他人观点的能力还为参与者提供了持续学习和发展的动力。教育领域变化快速，不断涌现新的理念、研究和实践方法。通过与他人交流和理解他人的观点，参与者能够不断更新自己的知识和理解，保持教育领域的前沿。这种持续学习和发展的态度使参与者能够不断提升自己的专业素养和教学能力，从而更好地服务于学生的学习需要。

二、评估自身立场的合理性

通过与他人的交流和倾听，参与者能够更加深入地思考和评估自身立场的合理性，通过对比他人观点，审视自己的立场是否基于充分的理由和证据。这种自省和反思的过程有助于参与者发现自己可能存在的盲点、偏见或不完善之处，并为修正立场提供了动力。

（一）获取新信息和观点

参与者通过与他人对话和倾听他人的观点，获取新的信息和观点，从而能够重新评估自己的立场。通过与他人的讨论和辩论，深入探讨问题的各个方面，并对比这些信息与自己原有的观点。这种对比能够帮助参与者发现自己观点中的不足或缺漏之处，并激发他们进一步思考和探索。

（二）审视自身立场

参与者在评估自身立场的合理性时，需要审视自己立场的基础和依据。他们应该反思自己观点的来源，是否基于可靠的证据和逻辑推理。通过与他人的交流，可以更好地了解他人观点的支持理由，并将其与自己的观点进行比较。这样比较能够揭示出自己观点的优点和不足，从而促使参与者调整和修正自己的立场。

此外，参与者还需要审视自己立场的一致性和内在逻辑。他们应该检查自己的观点是否与其他已接受的知识和价值观相一致，并排除自己观点中的逻辑矛盾。通过与他人的交流，参与者可以接触到不同的观点和观念，从而提醒自己注意观点的一致性和内在的逻辑关系。这种审视有助于参与者认识到自己观点中可能存在的偏见或不合理之处，并为修正立场提供了方向和动力。

三、调整立场的灵活性

康斯坦茨困境讨论法提供了一个安全和开放的环境，鼓励参与者调整自己的立场。参与者可以在对话和讨论中学习和汲取他人的见解，从而重新评估自己的观点。这种灵活性使参与者能够更好地适应变化的环境和新的情境，不断改进自己的教学方法和理念。

（一）开放的心态和灵活的思维

康斯坦茨困境讨论法鼓励参与者保持开放的心态和灵活的思维。在讨论中，参与者不仅仅是为了表达自己的观点，更重要的是愿意倾听和理解他人的观点。这种开放的心态使参与者能够摒弃固有的偏见和限制性思维，从而更容易接受新的观点和想法。通过倾听和理解他人的观点，参与者能够认识到自己原有观点的局限性，从而激发他们调整立场的意愿。

（二）提供安全环境

康斯坦茨困境讨论法提供了一个安全的环境，让参与者自由地表达和分享自己的观点。这种安全的环境消除了参与者担心被批评或指责的顾虑，使他们更愿意重新评估和调整自己的立场。参与者知道他们的观点会得到平等对待和尊重，这使他们更加放心地考虑其他观点的合理性，并主动自我反思。

（三）尊重和包容不同观点

康斯坦茨困境讨论法强调尊重和包容不同的观点和意见。在讨论中，每个参与者的观点都被视为有价值的贡献，而不是被排斥或忽视的对象。这种尊重和包容鼓励参与者在对话中更加积极地探索和考虑其他观点的合理性。通过与他人的交流，参与者可以看到不同观点的优点和优势，从而有助于自己调整立场并更好地适应多样的观念和理念。

（四）学习和发展

康斯坦茨困境讨论法强调学习和发展的重要性。在讨论中，参与者可以学习他人的知识和经验，以拓宽自己的视野并提升自己的教学能力。这种学习和发展的过程包括对他人观点的开放性探索和批判性思考。参与者通过与他人交流和对话，了解不同观点的优点、缺点和适用范围，评估和比较不同观点之间的逻辑和证据支持，以此调整自己的立场。这种批判性思考能够帮助参与者发现自己原有观点中的不足之处，并以开放心态接受新的观念和知识。

四、借鉴他人观点的优点和观点

通过理解他人的观点，参与者可以从中借鉴优点和经验。他们可以从他人的观点中发现新的思路、方法和策略，以丰富自己的教学实践。借鉴他人的观点并不意味着盲目地接受，而是能够从中选择适合自己的元素并加以运用。这种学习和借鉴的过程可以帮助参与者丰富自己的教育理念和教学技能。

（一）发现新思路和方法

借鉴他人观点的优点可以帮助参与者发现新的思路和方法。每个教师都有自己的专业经验和教学风格，而借鉴他人的观点可以打开新的教学思维和创新方向。参与者可以通过与他人交流，了解到其他教师在美学教育中取得的成功经验和成果，可以发现新的教学策略、活动设计、评估方法等，从而丰富自己的教学实践，并提供更多的教育选择和可能性。

（二）拓宽教育视野

借鉴他人观点的优点可以帮助参与者拓宽自己的教育视野。在美学教育教师培训中，参与者来自不同的背景和专业领域，观点和经验各有特色，通过交流，可以获得来自不同领域的启示和灵感。这种跨学科的学习和借鉴可以为参与者提供全新的视角和观点，促使他们从更广阔的角度思考美学教育的本质和价值，拓展自己的教育观念。

（三）提升专业能力和教学技能

借鉴他人观点的优点可以帮助参与者提升自己的专业能力和教学技能。在美学教育教师培训中，参与者可以从其他教师的观点中学习到更有效的教学方法和技巧，了解到其他教师在教学过程中所取得的成果和突破，从中汲取经验和教训。这种借鉴可以激发参与者对教学方法的创新和改进，促使他们提高自己的教学效果和完善学生的学习体验。

（四）促进自我反思和专业成长

借鉴他人观点的优点还可以促进参与者的自我反思和专业成长。通过与他人的交流，参与者可以反思和评估自己的教学实践。借鉴他人观点的优点可以帮助他们认识到自己可能存在的盲点或不足之处，并激发他们不断提升自己的教学能力。

在美学教育教师培训中应用康斯坦茨困境讨论法，通过参与者修正立场，使其能够更深入地思考和评估自己的观点，借鉴他人的观点和经验，持续学习和成长。这种过程不仅促进了参与者之间的理解和互动，也提高教师的专业素养和教学效果。通过修正立场，参与者能够更好地应对教育领域的挑战和变化，提供更具创新性和适应性的教学方案，从而提升学生的学习成果和参与度。此外，修正立场还有助于增强教师的自信心和教学动力，使他们更有能力应对教学中的困难和挑战。

第七章　KMDD 方法的效果评估与改进

第一节　评估使用 KMDD 方法展开讨论和决策的效果

一、决策结果的质量

首先，评估的一个关键指标是决策结果的质量。即通过使用 KMDD 方法开展讨论和决策后，得出的决策是否具有可行性。这可以通过观察实际决策的执行情况和结果来评估。如果决策的结果能够达到预期的目标，解决问题并取得积极的影响，那么就可以认为 KMDD 方法在这方面取得了良好的效果，可以从以下五个方面评估决策质量。

（一）目标实现程度

评估决策结果是否能够实现既定的目标和预期的效果。通过观察和评估决策后的实际执行情况，看是否达到了预期的结果。如果决策结果能够解决问题、推动进展，并对组织或团队产生积极影响，那么就可以认为决策质量较高。

（二）决策的合理性和可行性

评估决策方案的合理性和可行性。考察决策是否基于充分的信息和分析，是否考虑了各种因素和利益相关方的意见。同时，评估决策方案是否具备可行性，既能够在实践中有效实施，还能够克服潜在的障碍和限制。

（三）决策的可持续性

评估决策结果是否具有可持续性。即决策方案是否能够长期持续地产生积极效果，并适应变化的环境和需求。考察决策是否具备灵活性和适应性，能够随着情况的变化做出相应调整，并满足未来的需求。

（四）决策的创新性

评估决策结果是否具有创新性。即是否提出了新颖的观点、方法或解决方案，能够为组织或团队带来新的价值和机会。评估决策是否能够激发创新思维和行动，并能够推动组织的发展和进步。

（五）决策的风险管理

评估决策结果的风险管理能力。考察决策方案对潜在风险的识别和管理是否有效，是否能够减少风险对决策结果的负面影响。评估决策方案对风险的应对措施和预案是否充分，并能够在实践中应对不确定性和挑战。

评估使用 KMDD 方法展开讨论和决策的效果时，决策结果的质量是一个重要标准。通过综合考虑目标实现程度、合理性和可行性、可持续性、创新性以及风险管理等指标，可以得出对使用 KMDD 方法展开讨论和决策效果评估的结论。

二、参与者满意度

参与者的满意度是另一个重要的评估指标。参与者对 KMDD 方法的体验、参与程度以及对决策结果的认可程度都可以作为评估的依据。如果参与者在讨论过程中感到被充分尊重、听取和理解，同时对最终的决策结果感到满意，那么也可以认为 KMDD 方法在促进参与者的满意度方面取得了良好的效果。

（一）参与程度

评估参与者在讨论过程中的主动参与程度。参与者是否积极发表意见、提出观点，就问题展开辩论，并参与到决策的制订中。高度参与的参与者可能会更有满意感，因为他们感到自己的声音被听取和重视。

（二）听取和理解

评估参与者对他人观点的听取和理解程度。KMDD 方法强调主动倾听和理解他人观点的重要性。参与者是否展示出对他人观点的兴趣、尊重和理解，并能够积极地回应和互动，同时感到自己的观点得到了充分的尊重和理解，将对其满意度产生重要影响。

（三）共识和协作

评估参与者之间是否能够建立共识和展示良好的协作。KMDD 方法旨在通过开放的讨论和建设性的对话促进共识的形成。如果参与者能够在讨论中达成共识、合作解决问题，并对决策结果感到满意，那么就可以认为他们的参与度和满意度较高。

（四）认可决策结果

评估参与者对最终决策结果的认可程度。如果参与者对决策结果满意，并愿意支持和执行决策，那么就可以视为参与者对 KMDD 方法的应用感到满意。认可决策结果的参与者往往认为他们的利益和意见得到了充分考虑，从而提高了满意度。

（五）反馈和评价

收集参与者的反馈和评价，了解他们对 KMDD 方法的看法和建议。通过参与者的反馈，了解他们提出的优点和改进的建议，从而更好地满足参与者的需求和期望。

综合考虑以上评估指标的结果，可以得出参与者对使用 KMDD 方法展开讨论和决策的满意度评估。需要注意的是，满意度是一个主观感受，因而参与者的反馈和评价是评估的重要依据。通过参与者的反馈和评价，才可以获得更全面的理解和评估。

三、信息共享和知识传递

KMDD 方法强调信息共享和知识传递，这可以促进团队成员之间的学习和交流。因此，评估 KMDD 方法的效果还可以关注参与者在讨论过程中是否能够有效地共享信息、传递知识和经验，且是否能够从中获取新的见解和观点。如果 KMDD 方法能够有效地促进信息共享和知识传递，提高参与者的学习能力和团队的整体知识水平，那么也可以认为该方法在这方面取得了良好的效果。

（一）参与者的参与度

参与度可以反映参与者在讨论过程中的活跃程度和贡献程度。可以通过观察参与者在讨论中的发言次数、提供得信息和知识的丰富程度评估他们的参与度。如果参与者积极参与并提供有价值的信息和知识，那么就可以认为 KMDD 方法在信息共享和知识传递方面取得了良好的效果。

（二）信息共享的广度和深度

评估 KMDD 方法的效果还可以关注信息共享的广度和深度。广度指参与者之间分享信息的多样性和全面性，深度指信息的详细程度和深入程度。通过观察讨论中分享的不同观点、案例、经验和资源的多样性和详细程度，可以评估信息共享的效果。如果讨论中涉及多个角度和丰富的信息，且参与者能够深入探讨和分享相关知识，那么就可以认为 KMDD 方法在信息共享和知识传递方面取得了良好的效果。

（三）知识的吸收和应用

评估 KMDD 方法的效果还可以关注参与者吸收和应用共享信息和知识的能力。可以通过观察参与者在后续的行动中是否能够运用所学的知识和经验，解决问题和做出决策评估其知识的吸收和应用情况。如果参与者能够将共享的信息和知识有效地应用到实际情境中，取得积极的结果，那么就可以认为 KMDD 方法在知识传递和应用方面取得了良好的效果。

（四）反馈和评估

定期收集参与者的反馈和评估是评估 KMDD 方法效果的重要方法。可以通过问卷调查、访谈或小组讨论等形式，询问参与者对信息共享和知识传递的体验、学习效果和改进的建议。这些反馈和评估将提供有价值的信息，帮助改进 KMDD 方法的应用和实践。

通过综合考虑参与者的参与度、信息共享的广度和深度、知识的吸收和应用情况以及参与者的反馈和评估，可以得出 KMDD 方法在信息共享和知识传递方面的效果的综合评估。

四、决策过程的效率

评估 KMDD 方法的效果时，可以关注讨论和决策所花费的时间、资源和精力。如果 KMDD 方法能够帮助参与者高效地展开讨论和决策，避免不必要的延迟和浪费，那么就可以认为该方法在提高决策效率方面取得了良好的效果。

（一）时间利用效率

评估参与者在使用 KMDD 方法展开讨论和决策时花费的时间。比较使用 KMDD 方法和其他决策方法展开讨论和决策花费的时间，观察是否通过 KMDD 方法更快速地达成决策，并在相同时间内获得更多的讨论和交流。

（二）资源利用效率

评估使用 KMDD 方法展开讨论和决策时所需要的资源，包括人力、物力和财力。观察使用 KMDD 方法是否能够最大限度地利用现有的资源，并避免资源的浪费。比较使用 KMDD 方法和其他决策方法所需的资源投入，评估 KMDD 方法在资源利用效率方面的优势。

（三）决策过程的流畅性

评估使用 KMDD 方法展开讨论和决策时的流程是否流畅和连贯。观察参与者之间的交流和互动是否顺畅，是否出现冗余的讨论和重复的话题，以及是否能够有效地推进讨论和决策的进程。如果 KMDD 方法能够帮助参与者在决策过程中保持高效的流程，那么就可以认为该方法在流畅性方面取得了良好的效果。

（四）决策过程的透明度

评估使用 KMDD 方法展开讨论和决策时的透明度。观察参与者是否能够清晰地了解讨论的进展和决策的过程，包括信息的共享、观点的交流和决策的依据。如果 KMDD 方法能够提供透明的决策过程，使参与者能够全面了解和参与决策，那么就可以认为该方法在透明度方面取得了良好的效果。

通过对以上方面的评估，可以全面了解 KMDD 方法在决策过程的效率方面的效果。这将提供有关使用 KMDD 方法的改进机会，进一步提高决策的效率和决策结果的质量。

评估使用 KMDD 方法展开讨论和决策的效果需要综合考量决策结果的质量、参与者的满意度、信息共享和知识传递的效果以及决策过程的效率等多个方面。通过评估这些指标，可以对 KMDD 方法的应用效果做出全面的评估和总结。

第二节　分析 KMDD 方法在美学教育
教师培训项目中的优势和局限性

一、KMDD方法在美学教育教师培训项目评估的优势

KMDD 方法在美学教育教师培训项目的评估中具有促进多元化观点、参与者主动参与、培养批判性思维和问题解决能力，以及提供全面的评估视角等优势。

（一）多元化观点的获取

KMDD 方法鼓励参与者分享各自的观点和经验，促进了多元化观点的获取。在美学

教育领域，不同的教师可能有不同的艺术理解、审美观点和教学经验。通过KMDD方法，参与者可以分享并汲取彼此的知识和经验，拓宽自己的视野，促进教师间的互相学习和专业发展。

1. 融合不同背景和经验

KMDD方法鼓励来自不同背景和经验的教师参与讨论和决策。美学教育涉及艺术、文化、哲学等多个领域，不同教师对这些领域可能有不同的学科专业背景和实践经验。通过KMDD方法，不同背景的教师可以分享自己的专业知识和观点，从而形成多元化的讨论和决策。

2. 借鉴多样的教学方法

美学教育涵盖了丰富多样的教学方法和策略。通过KMDD方法，参与者可以了解和借鉴其他教师使用的不同教学方法，如案例分析、角色扮演、艺术作品展示等。这种多样性的教学方法的交流和分享有助于教师发现新的教学途径和策略，丰富自己的教学实践。

3. 拓宽视野和思维方式

KMDD方法鼓励参与者从不同的视角和思维方式思考和讨论问题。在美学教育中，审美观点和艺术理解可能因个人背景、文化背景和教育经历而有所差异。通过与他人的交流和倾听，教师可以拓宽自己的艺术视野，开阔思维，深化对美学教育的理解。

4. 提升专业发展

通过获取多元化观点，教师可以不断提升自己的专业发展水平。他们可以从其他教师的经验和观点中学习，探索新的教学策略和方法，应用于自己的实践中。多元化观点的获取有助于教师在美学教育领域中获得更广泛的专业知识和技能，提升自身的教学水平和教育影响力。

总的来说，KMDD方法在美学教育教师培训项目评估中的优势之一是能够促进多元化观点的获取。这为教师提供了一个开放、互相学习和专业发展的平台，有助于提高教师的专业能力和教学质量，进而为学生的艺术学习和发展创造更丰富的教育环境。

（二）参与者的主动参与

KMDD方法强调参与者的主动参与和合作学习。在美学教育教师培训项目中，参与者通过KMDD方法能够更积极地参与讨论和决策过程，提出自己的观点和建议，并与他人深入交流和合作。这种主动参与可以增强参与者的学习动力和参与度，提高培训项目的质量和效果。

首先，主动参与可以增强参与者的学习动力。参与者在讨论和决策过程中能够深入思考问题、表达自己的观点和提出问题，从而加深对美学教育的理解和认识。他们对自己的参与和贡献感到自豪和满足，进而激发了学习的动力和积极性。

其次，主动参与促进了参与者之间的互动和合作学习。在KMDD方法中，参与者被鼓励积极交流和合作，共同探讨问题、分享经验和知识。通过与他人的互动，参与者可以借鉴他人的观点和经验，开阔思路，拓宽自己的视野，并且通过合作学习共同解决问题和提高教学效果。

再次，主动参与还能够提升参与者的自信心和能力。通过参与 KMDD 方法，教师能够更多地表达自己的观点和思考，与他人深入讨论和辩论，提高自己的表达和沟通能力。这种自信和能力的提升对教师的教学和专业发展具有重要意义，能够帮助他们更好地应对教学挑战和提升教学效果。

最后，主动参与也能够增强参与者对培训项目的拥有感和归属感。通过积极参与讨论和决策过程，参与者能够感受到自己的声音被重视和听取，对培训项目的发展和决策过程有更多的参与和影响。这种拥有感和归属感使参与者更加认同培训项目，从而增强了对培训的参与度和贡献度。

KMDD 方法在美学教育教师培训项目评估中的优势之一是能够激发参与者的主动参与。这种主动参与能够增强参与者的学习动力，促进参与者之间的互动和合作学习，提升参与者的自信心和能力，以及增强参与者对培训项目的拥有感和归属感。这些优势共同作用，为美学教育教师培训项目的评估带来了积极的影响。

（三）发展批判性思维和问题解决能力

KMDD 方法鼓励参与者展开批判性思考和分析，通过比较和辩论不同观点寻求问题的解决方案。在美学教育教师培训项目中，培养教师的批判性思维和问题解决能力是至关重要的。KMDD 方法为参与者提供了锻炼这些能力的机会，帮助他们更好地理解和评估美学教育领域的问题，并提出创新的解决方案。

首先，KMDD 方法通过多样化的观点和意见的交流，激发参与者的批判性思维。在讨论和决策的过程中，参与者会面对不同的观点和观念，需要分析和评估这些观点。他们需要思考各种观点的合理性、逻辑性和可行性，以及对美学教育的影响。这种批判性思维的锻炼有助于参与者发展逻辑思维、分断能力和判断力，从而更好地理解和评估问题，并做出明智的决策。

其次，KMDD 方法鼓励参与者通过讨论和辩论解决问题。在美学教育教师培训项目中，教师经常面临各种教学和学习问题，需要通过批判性思维和问题解决能力寻找解决方案。KMDD 方法提供了一个开放和合作的环境，参与者可以通过互相交流和辩论提出问题和解决方案。他们需要思考各种选择的优缺点，权衡利益和影响，并做出理性和有效的决策。这种问题解决能力的培养有助于参与者在美学教育领域面对挑战时能够提出创新的解决方案，并在实践中取得良好的结果。

最后，KMDD 方法还通过参与者之间的互动和合作促进批判性思维和问题解决能力的发展。在讨论和决策的过程中，参与者需要相互倾听、回应和质疑，激发彼此的思维和创新；需要学会有效地表达自己的观点和意见，同时尊重和接受他人的观点。这种互动和合作的学习环境有助于参与者提高沟通和协作能力，并通过与他人的交流和合作拓展自己的思维，提升解决问题的能力。参与者在与他人的互动中可以获得不同的观点和见解，从而拓宽自己的思维范围，也可以学习他人解决问题的方法和策略，并将其应用于自己的情境中。这种合作学习的过程不仅促进了批判性思维和问题解决能力的发展，还培养了参与者的团队合作和协作精神，为美学教育教师培训项目中的合作和教学活动奠定了基础。

通过多元化观点的交流、问题解决的讨论和互动合作，参与者能够发展逻辑思维、分断能力和判断力，培养解决问题的能力，并拓展自己的思维和知识。这些能力对美学教育教师的专业发展和教学实践具有重要意义。

（四）提供全面的评估视角

KMDD 方法强调参与者的全面评估和综合思考。在美学教育教师培训项目中，评估是提升教师专业素养和能力的重要环节。通过 KMDD 方法，参与者能够从多个角度和维度评估教师培训项目，考虑各种因素的影响和互动关系，从而获得更全面、客观的评估结果。

首先，KMDD 方法鼓励参与者采用多元的观点和思维方式评估教师培训项目。在讨论和决策过程中，参与者有着不同的背景和经验，拥有不同的专业知识和视角，通过分享和交流各自的观点，从多个角度评估教师培训项目。这种多元化的评估视角可以发现项目中的优势和改进的空间，促进教师的全面发展。

其次，KMDD 方法注重综合思考和综合评估。在讨论和决策过程中，参与者需要综合考虑各种因素，包括教学目标、教学方法、评估方式、学习资源等。他们需要从整体的角度评估教师培训项目的有效性和可行性。通过综合思考和综合评估，参与者可以更好地把握整个项目的要素和关系，提出有针对性的改进建议和决策方案。

最后，KMDD 方法还倡导参与者在评估过程中考虑不同利益相关者的意见和需求。在美学教育教师培训项目中，利益相关者可能包括学生、家长、学校管理层、教育机构和社会大众等。通过与不同利益相关者的交流和对话，参与者可以了解不同群体的需求和期望，综合考虑各方的意见，以便制订更全面和适应性强的评估策略和决策方案。

KMDD 方法在美学教育教师培训项目评估中的优势包括多元化观点的获取、参与者的主动参与、发展批判性思维和问题解决能力、提供全面的评估视角以及促进参与者对教师培训项目的全面理解和认知。这些优势使得 KMDD 方法成为一种有力的评估工具，能够帮助提升美学教育教师培训项目的质量和效果，促进教师的专业发展和能力提升。

二、KMDD方法在美学教育教师培训项目评估中的局限性

（一）时间和资源限制

KMDD 方法需要较长的时间和大量的资源展开讨论和决策，包括组织会议、准备材料、讨论时间和场地等。在美学教育教师培训项目中，时间和资源通常是有限的，可能无法满足 KMDD 方法所需的充分时间和资源。

首先，教师培训项目通常具有明确的时间框架和安排。培训项目可能需要在有限的时间内完成，以便教师能够及时应用所学的知识和技能。在这种情况下，为了保证项目的进度和效果，可能无法给予足够的时间开展 KMDD 方法所需的详细讨论和决策过程。因此，

时间限制可能影响了 KMDD 方法在教师培训项目中的应用。

其次，资源的限制也是一个挑战。教师培训项目需要投入一定的资源，包括人力、物质和财务资源。这些资源的供给是有限的，需要在不同的教育需求和项目目标之间平衡。在这种情况下，为了最大限度地利用有限的资源，可能需要简化 KMDD 方法的步骤或缩短讨论时间，从而无法充分发挥 KMDD 方法提供的优势。

最后，KMDD 方法还需要适当的场地和设施以支持讨论和决策过程。在教师培训项目中，场地和设施的可用性可能受到限制。如果无法提供适当的场地和设施，参与者可能无法充分的面对面讨论和交流，从而影响了 KMDD 方法的实施和效果。

教师培训项目通常具有明确的时间框架和资源限制，这可能无法满足 KMDD 方法所需的充分时间和资源。为了克服这一局限性，可以考虑适度调整 KMDD 方法，以适应实际的时间和资源限制，并确保在有限的条件下获得尽可能好的评估结果。

（二）参与者的经验和专业水平不均衡

在美学教育教师培训项目中，参与者的经验和专业水平可能存在差异。一些教师可能拥有丰富的艺术和美学背景，而另一些教师相对较少。这导致在 KMDD 方法的讨论中存在一定的不平衡和不公平，一些参与者的声音可能较少受到关注和重视。

首先，参与者的经验水平不均衡可能导致讨论的深度和广度受限。那些经验丰富的教师可能更有能力提出深入的观点和论证，并对美学教育问题有更全面的认识。相比之下，经验较少的教师可能在讨论中更多地扮演聆听和学习的角色。这可能导致一些重要的观点和想法无法得到充分表达和探讨，从而影响讨论的质量和结果。

其次，不均衡的经验和专业水平可能导致参与者之间的权力关系不平衡。那些具有更高专业水平和丰富经验的教师可能更容易获得其他参与者的认可和支持，而那些经验较少的教师可能在讨论中不够自信或被较少关注。这可能影响到他们的主动参与程度和对自己观点的表达，从而降低了讨论的公平性和平等性。

最后，不均衡的经验和专业水平可能对决策的结果产生影响。如果讨论和决策过程中仅仅侧重于少数经验丰富的教师的观点，就可能无法充分考虑到其他教师的需求和利益。这可能导致决策结果在一定程度上偏向于那些经验丰富的教师，而忽视了其他参与者的权益和声音。

参与者的经验和专业水平的不均衡是 KMDD 方法在美学教育教师培训项目评估中的一个局限性。这种不均衡可能导致讨论的深度和广度受限，权力关系不平衡以及决策结果的偏向性。为了克服这样的局限性，可以采取一些措施平衡参与者的经验和专业水平，提高讨论的公平性和有效性。

（三）主观性和偏见

在 KMDD 方法的讨论和决策过程中，参与者的主观性和偏见可能会影响讨论的结果。每个参与者都有自己的价值观、经验和偏好，这可能导致在讨论过程中出现偏向某个特定观点或存在固化立场的情况，从而影响到决策的客观性和全面性，导致结果偏向某个特定群体或利益。

1.主观性和偏见可能导致讨论结果的不客观性

参与者可能倾向于支持自己熟悉或喜欢的观点，而对其他观点持保留态度或直接忽视。这种偏见可能影响到讨论的全面性和客观性，使得一些重要的观点或意见被忽略或被低估。

首先，主观性和偏见可能导致信息选择的偏差。参与者可能倾向于选择符合自己观点的信息，而忽视或排斥与之相悖的信息。这种信息选择的偏差可能导致讨论过程中的信息失衡，使得参与者只看到自己支持的观点，而忽略了其他可能存在的观点和证据。

其次，主观性和偏见可能导致对观点的不公平评估。参与者可能在评估不同观点时存在倾向性，更倾向于支持自己喜欢或认同的观点，而对其他观点持保留态度或直接忽视。这种评估的不公平性可能导致一些重要的观点被忽略或被低估，从而影响到决策的准确性和全面性。

最后，主观性和偏见可能导致讨论结果的偏向性。如果讨论中存在主观性和偏见，那么最终的决策结果就可能偏向某个特定观点或固化立场。这种偏向性可能导致决策结果不够客观和全面，无法充分考虑到各种因素和利益的平衡。

2.主观性和偏见可能导致权力和影响力的不平衡

在 KMDD 方法中，一些参与者可能因为其地位、声音或其他因素而拥有更多的权力和影响力，观点可能更容易被接受和采纳。这可能导致其他参与者的声音被压制或忽视，使得讨论结果不够平衡和多样化。

首先，权力和影响力的不平衡可能导致讨论结果的偏向性。如果某些参与者拥有更多的权力和影响力，观点更容易被接受和采纳，而其他参与者的观点可能被较少关注。这可能导致讨论结果偏向某个特定群体或利益，而忽略其他参与者的贡献，从而降低了评估结果的客观性和全面性。

其次，权力和影响力的不平衡可能导致参与者的参与度和投入度不均衡。如果一些参与者感到他们的声音被压制或忽视，可能会减少对讨论的参与，甚至在决策过程中缺乏积极性。这可能降低了参与度和投入度，从而影响到讨论结果的质量和效果。

最后，权力和影响力的不平衡可能削弱了多样性和包容性。如果某些参与者的观点更容易被接受和采纳，而其他参与者的观点被忽视，那么讨论过程中的多样性和包容性可能受到影响。这限制了参与者之间的交流和互动，减少了不同观点的对话和辩论，从而影响到评估结果的全面性和准确性。

3.主观性和偏见可能引起认知偏差和信息选择

参与者可能倾向于选择符合自己观点的信息，而忽视或排斥与之相悖的信息。这可能导致讨论过程中的信息失衡，使得讨论结果受到信息选择的影响，不够全面和准确。

首先，认知偏差可能影响到参与者对问题的理解和解释。参与者的主观性和偏见可能导致对问题的认知偏差，使得他们更倾向于与自己观点一致的解释，而忽略其他可能的解释。这可能导致对问题的理解存在偏差，影响到评估的客观性和准确性。

其次，信息选择可能导致讨论过程中的信息失衡。参与者倾向于选择支持自己观点的信息，而忽视或排斥与之相悖的信息。这种信息选择的偏差可能导致讨论过程中的信息失衡，使得一些重要的观点或证据被忽略或被低估。这可能导致讨论结果的不全面和不准确。

最后，信息选择可能导致讨论结果的偏向性。如果讨论过程中存在信息选择的偏差，那么最终的决策结果可能偏向支持参与者已有观点的方向。这种偏向性可能降低决策结果的客观性和全面性，无法充分考虑到不同观点和证据的权衡。

KMDD 方法在美学教育教师培训项目中具有促进多元化观点、合作学习和批判性思维的优势。然而，时间和资源限制、参与者不均衡、主观性和偏见、沟通能力差异以及议题适用性等局限性也需要注意。在实施 KMDD 方法时，需要根据具体情况适当调整和补充，最大程度发挥其优势，并克服其局限性，以实现有效且高效的讨论和决策过程。

第三节　提出改进 KMDD 方法的建议和策略

在美学教育教师培训项目评估中，KMDD 方法可以发挥重要的作用，但也存在一些局限性。为了改进 KMDD 方法的应用，需要一些建议和策略。

一、提供更多的培训和指导

为参与者提供关于 KMDD 方法的培训和指导，以帮助他们理解和掌握方法的基本原则和技巧。这包括培训参与者如何有效地分享观点、聆听他人、引导讨论和决策等方面的能力。

（一）建立培训课程

设计和开设专门的培训课程，以介绍 KMDD 方法的基本原理、步骤和技巧。培训课程可以包括理论讲解、案例研究、角色扮演和实际操作等，以帮助参与者理解和掌握 KMDD 方法的核心概念和应用技巧。

（二）提供参考资料和学习资源

为参与者提供相关的参考资料、学习资源和指南，以供他们自主学习和深入研究。这些资源包括 KMDD 方法的文献、实例分析、视频教程和在线学习平台等，帮助参与者进一步掌握和应用 KMDD 方法。

（三）举办工作坊和讨论会

组织定期的工作坊和讨论会，为参与者提供实践和交流的机会。在这些活动中，可以邀请专业的 KMDD 从业者或培训师演示和指导，让参与者通过实际操作和反馈提升 KMDD 方法技能。

（四）个别辅导和指导

为参与者提供个别的辅导和指导，根据他们的具体需求和问题实施定制化的指导。这可以是一对一的指导会议、在线咨询或反馈，帮助参与者解决在 KMDD 方法应用过程中遇到的困难和挑战。

二、平衡参与者的经验和专业水平

在组织 KMDD 活动时，应努力平衡参与者之间的经验和专业水平差异。可以通过混合不同层次的教师、邀请专家或领域内的从业者参与，以确保讨论和决策过程具有多样性和全面性。

（一）多层次参与者的组合

在 KMDD 活动中，可以组合不同层次和背景的参与者，包括经验丰富的教师、新手教师以及领域内的专家或从业者。这样的组合可以确保参与者之间的经验和专业水平具有一定的平衡，促进知识的共享和交流。

（二）导师制度

建立导师制度，将经验丰富的教师或专家指派为导师，为新手教师提供指导和支持。导师可以在 KMDD 活动中担任引导者的角色，引导参与者思考问题、提出观点，并提供专业知识和经验指导。

（三）合作学习和伙伴学习

鼓励参与者之间的合作学习和伙伴学习，让经验丰富的教师与新手教师合作。这种合作可以通过小组讨论、伙伴学习活动或共同开展教学项目等方式实现，促进经验的共享和互助。

（四）个别指导和支持

针对专业水平较低的参与者，提供个别的指导和支持。这可以是一对一的辅导会议、专门的培训或反馈，帮助他们理解和应用 KMDD 方法，提升参与感和贡献能力。

（五）专家角色的引入

邀请领域内的专家或从业者参与 KMDD 活动，提供专业的知识和观点。这些专家可以在讨论中发挥重要的角色，帮助参与者深入理解和评估相关问题，并促进高水平的讨论和决策。

（六）激发参与者的自主学习

鼓励参与者自主学习，通过阅读专业文献、参观展览、参与培训课程等方式提升自身的专业水平。培训项目可以提供相关的资源和指导，帮助参与者提高自己的知识水平和技能。

通过以上策略的应用，可以在 KMDD 活动中平衡参与者的经验和专业水平差异，促进全面讨论和决策，提高美学教育教师培训项目中 KMDD 方法的应用效果。然而，需要注意的是，平衡参与者的经验和专业水平并不意味着等同对待所有人的观点，而是通过创造一个包容性和尊重多样性的环境，促进经验丰富者与新手教师之间的互相学习和交流。

三、设立评估标准和指标

为了确保 KMDD 方法的评估过程更加客观和全面，可以事先确定评估标准和指标，并将其纳入讨论和决策的考量因素中。这有助于使讨论结果可衡量和可比较，并提高评估的准确性和可信度。

（一）确定评估目的

明确评估的目的和焦点，如评估培训的效果、参与者的学习成果或培训方案的改进。这将有助于确定评估标准和指标的内容和重点。

（二）参考专业标准和指南

借鉴相关的专业标准和指南，如美学教育教师的专业标准、课程框架或培训评估准则。这些标准和指南可以为评估提供指导和参考。

（三）制定明确的评估标准

确保评估标准具体、可衡量和可操作。明确描述每个标准代表的期望表现或成果，避免模糊或主观性的表述。例如，可以使用具体的行为描述或绩效指标衡量参与者的表现。

（四）多维度评估

考虑综合多个维度评估，如知识掌握、技能运用、教学效果、专业素养等。确保评估覆盖培训项目的各个方面，以获取全面的评估结果。

（五）使用不同的评估方法

结合定量和定性的评估方法，以获取更全面、更深入的评估数据。定量方法可以使用问卷调查、测验或评分表等工具，定性方法可以采用访谈、观察或反思日志等方式，收集参与者的反馈和观察数据。

（六）定期评估和反馈

定期评估并提供及时的反馈，以跟踪参与者的学习和发展进度，并识别改进的机会。及时地反馈可以帮助参与者了解自己的表现，同时也为培训项目的改进提供重要的指导。

（七）多方参与和验证

确保评估的客观性和可靠性，邀请多方参与评估过程，包括培训师、参与者、管理者和专家。他们的观点和意见可以提供不同的视角和验证评估结果的可信度。

通过设立明确的评估标准和指标，并结合不同的评估方法和多方参与，可以全面、客观地评估 KMDD 方法在美学教育教师培训项目中的应用效果。这样的评估可以提供有关 KMDD 方法在美学教育教师培训项目中的优势、局限性和改进机会的重要信息，从而促进该方法的持续改进和优化。

四、引入外部评估者

为了增加 KMDD 方法评估的客观性和独立性，可以考虑引入外部评估者。外部评估者可以提供中立的观点和评估，确保评估过程不受内部参与者的影响，并提供更全面和更客观的评估结果。

（一）客观性和中立性

外部评估者没有直接利益关系，可以提供客观和中立的观点。他们不受内部参与者的影响，能够客观地评估和分析评估过程，确保评估结果的准确性和可靠性。

1.外部评估者带来客观性和中立性的内容

引入外部评估者是为了增强 KMDD 方法评估的客观性和中立性，这是评估过程中的关键要素。

（1）无直接利益关系

外部评估者与培训项目或组织之间没有直接利益关系。因此，他们能够摆脱潜在的利益冲突，以更客观的方式评估和分析项目的效果和影响。

（2）独立的立场和观点

外部评估者通常是从外部组织或专业机构招聘的，具有独立的立场和观点，这使他们能够不受内部参与者的影响，独立地评估和分析 KMDD 方法的应用效果。

（3）专业的专业知识和技能

外部评估者通常具备丰富的专业知识和技能，能够运用科学和证据为基础的方法评估。他们熟悉评估原理和方法，具备评估工具和技术的使用能力，能够提供准确和可靠的评估结果。

（4）独立的数据收集和分析

外部评估者可以独立地采用多种方法和工具收集和分析数据，如问卷调查、访谈、观察和文献研究等，不受内部参与者的影响，以获取全面和可靠的信息。

（5）客观的评估结果和建议

通过客观和中立地评估，外部评估者能够提供客观的评估结果和建议。他们基于数据和证据，对 KMDD 方法的优势、局限性和改进机会提出中肯和有价值的建议，帮助组织做出明智的决策和改进措施。

2.确保外部评估者的客观性和中立性的注意事项

（1）选择合适的外部评估者

选择具有相关领域知识和评估经验的外部评估者。他们应该独立于培训项目和参与者，并具备专业的评估能力。

（2）建立明确的合作关系

与外部评估者建立合作关系，并确保评估的目标和要求得到充分理解。明确评估的范围、时间和资源要求，以便外部评估者能够提供充分的评估支持。

（3）透明和开放的沟通

与外部评估者保持透明和开放的沟通，确保双方之间的信息交流通畅。提供必要的培训项目信息、评估工具和参与者资料，以便外部评估者能够充分了解项目的背景和目标。

（4）确定评估的范围和重点

外部评估者明确评估的范围和重点，确保评估关注关键的指标和效果，与参与者共同制订评估的目标和指标，以保证评估的有效性和实用性。

（5）保护数据的保密性

确保外部评估者遵守数据保密和隐私政策，确保评估数据的安全性和保密性。与外部评估者签订保密协议，明确评估数据的使用和共享权限。

（6）综合多方意见

在评估过程中综合考虑多方参与者的意见和反馈，包括培训师、参与者和管理者。外部评估者可以与内部参与者交流和讨论，收集各方的观点和建议。

通过引入外部评估者，可以增加 KMDD 方法评估的客观性和独立性。通过提供中立的观点和评估，以确保评估结果更准确、全面和可靠。同时，与外部评估者的合作也为组织提供了持续改进和优化 KMDD 方法的机会。

（二）专业知识和经验

外部评估者通常具备丰富的专业知识和经验，可以提供更深入和更全面的评估。他们熟悉评估方法和工具，能够运用适当的方法收集和分析数据，从而提供高质量的评估结果。

1.熟悉评估方法和工具

外部评估者通常具备丰富的评估经验，熟悉各种评估方法和工具的应用。他们了解不同评估方法的优缺点，并能根据具体情况选择合适的方法和工具评估 KMDD 方法的效果，以专业知识确保评估过程的科学性和准确性。

2.数据收集和分析的能力

外部评估者具备数据收集和分析的专业技能。他们能够设计有效的数据收集工具和方法，收集各种信息和数据，如讨论记录、问卷调查、参与者反馈等。同时，他们也具备合理和深入分析收集到的数据的能力，以获得准确的评估结论和洞察。

3.了解行业知识和趋势

外部评估者通常对美学教育领域具有深入的行业知识，对行业趋势的了解。他们了解教育环境中的最新发展和挑战，能够比较和分析评估结果与行业标准和最佳实践。这样，他们可以提供更加全面和具有前瞻性的评估结果，为教师培训项目的改进和发展提供有益的建议和意见。

引入具备丰富专业知识和经验的外部评估者对评估美学教育教师培训项目中的 KMDD 方法具有明显的优势。他们的专业知识和经验可以提供深入、全面和客观的评估结果，帮助组织更好地了解和改进 KMDD 方法的效果，提升教师培训项目的质量和价值。

（三）独立性和客观性保障

外部评估者在评估过程中可以起到监督和审核的作用，确保评估的过程和结果符合评估标准和指标。他们可以纠正评估过程中的潜在偏见和主观性，并提供中立的评估意见。

1. 监督和审核作用

外部评估者作为独立的第三方，可以监督和审核评估过程，确保评估过程的合规性和准确性。他们能够审查评估的步骤、方法和数据，确保评估过程符合预定的标准和程序。

2. 独立的立场和利益

外部评估者没有直接利益关系，不受项目内部的影响和利益约束。他们可以独立、客观和中立地判断KMDD方法的评估，不受内部利益和压力的影响，以保证评估结果的客观性和可信度。

3. 潜在偏见和主观性的纠正

外部评估者能够识别和纠正评估过程中的潜在偏见和主观性。他们可以审查参与者的意见和决策，确保评估结果不受个人或团体的特定偏好或偏见的影响，提高评估的公正性和准确性。

4. 提供中立的评估意见

作为独立的评估者，他们能够提供中立的评估意见和建议。他们基于事实和数据评估，不受内部政治和人际关系的影响，提供客观的评估结论，帮助组织了解KMDD方法的优势和局限，并提出改进建议。

引入外部评估者可以提供独立性和客观性的保障，确保评估过程和结果的可信度和准确性。外部评估者作为中立的第三方，可以监督和审核评估过程，纠正潜在的偏见和主观性，并提供客观的评估意见，同时增强评估结果的可靠性和公正性，为美学教育教师培训项目的改进提供有益的建议和指导。

五、采用多元化的评估方法

KMDD方法不是唯一的评估方法，可以考虑与其他方法结合使用，以获得更全面和更准确的评估结果。例如，可以结合定量调查、案例分析或实地观察等方法，以获取更多数据和信息。

（一）获取更全面的数据

通过结合定量调查、案例分析或实地观察等方法，从不同的角度收集数据。KMDD方法主要侧重于讨论和决策的过程，而其他方法可以提供更多关于参与者的表现、实际行为和教学效果等方面的定量数据，从而得到更全面的评估结果。

1. 定量调查

设计问卷调查，量化评估参与者的知识、态度、满意度等。通过对定量数据的收集和分析，可以获得更具体的反馈，了解参与者对培训项目的整体评价和感受。

2. 案例分析

选择代表性的教学案例，详细地分析和评估。通过案例分析，可以深入了解教师在实际教学中面临的具体问题、采取的教学策略以及学生的学习效果。这种方法能够提供详细的案例细节和教学实践的具体情况，有助于评估教师的教学能力和实际应用水平。

3. 实地观察

观察教师在真实的教学环境中的表现和行为。通过实地观察，评估者可以直接观察到教师的教学方法、师生互动、课堂管理等方面的情况。这种方法能够提供直观和客观的数据，评估和反馈教师的教学实践。

4. 学生作品评估

收集、评估和分析学生在教师培训项目中的作品，如艺术作品、创意作品等。学生作品可以反映教师培训的实际效果和学生的学习成果。通过评估学生作品的质量和创造力，可以间接评估教师在培训中的影响力和指导能力。

在使用多元化的评估方法时，需要注意以下六点。

方法选择。根据评估的目的和需求，选择适合的评估方法，并确保不同方法之间的衔接和协调。

数据整合。整合和分析不同方法收集到的数据，找出不同方法之间的关联和一致性，以形成全面的评估结果。

研究伦理。在采用多元化评估方法时，确保遵守相关的研究伦理准则，保护参与者的隐私和权益。

结果解释。在解释评估结果时，综合考虑不同方法的数据，避免片面和片段解读评估结果。通过综合分析不同评估方法得出的数据，提供更全面和准确的结论，避免对单一评估方法的片面解读。

数据使用。利用多元化评估方法得出的数据，提供有针对性的反馈和建议，为美学教育教师培训项目的改进和发展提供支持和指导。

持续改进。持续改进评估方法和流程，不断优化评估的准确性和可靠性。根据实际情况，调整和改进评估方法的组合和使用方式，以适应美学教育教师培训项目的特定需求。

引入多元化的评估方法可以为美学教育教师培训项目评估提供更全面、更准确和更可靠的数据。通过结合 KMDD 方法与定量调查、案例分析、实地观察和学生作品评估等方法，可以从不同维度全面了解培训项目的效果和影响，为解释和改进评估结果提供有力支持。重要的是，在应用多元化评估方法时，确保方法的选择和整合具有合理性和科学性，并始终关注评估的客观性和准确性，以促进美学教育教师培训项目的质量和发展。

（二）确定评估焦点和目标

在引入多元化的评估方法时，需要明确评估的焦点和目标。根据美学教育教师培训项目的特点和目标，确定需要收集哪些方面的数据和信息，以便开展有针对性的评估。

1. 确定评估领域

首先，确定美学教育教师培训项目中需要评估的具体领域，包括教师培训内容、教学方法、学生学习成果、教师专业发展等。了解评估领域的范围和重点有助于明确评估目标。

2. 定义评估目标

根据评估的焦点，明确评估的具体目标。例如，评估美学教育教师培训项目的教学效果、学生艺术创作能力、教师专业素养等。确保评估目标具体、明确、可衡量，并与培训项目的目标和需求相一致。

3. 确定评估指标

根据评估目标，确定适用于每个评估领域的评估指标。评估指标应该能够量化或描述所要评估的特定方面。例如，教学效果可以使用学生综合评价、课堂观察和学生作品等评估指标。

4. 选择适当的评估方法

根据评估目标和指标，选择合适的评估方法和工具。这可能涉及定量方法（如问卷调查、统计分析）和定性方法（如访谈、观察、文本分析）的结合使用。确保评估方法具有信度、有效度和可靠性，并能提供可靠和有意义的数据。

5. 设计评估方案

根据评估目标、指标和方法，设计评估方案，明确数据收集的时间、地点和方式。考虑到美学教育教师培训项目的特点，可能需要使用多种方法和工具收集数据，如组织小组讨论、实地观察、学生作品评估等。

6. 分析和解释评估结果

收集数据后，开展数据分析和解释，根据评估目标和指标，评估培训项目的成效和问题。综合分析不同评估方法得出的数据，提供全面、准确和可靠的评估结果。

通过以上步骤，确定评估的焦点和目标，可以帮助引入多元化评估方法，并确保评估的有效性和实用性。这将为美学教育教师培训项目提供更全面、更准确的评估结果，进而促进项目的改进和提升。

（三）结合定性和定量数据分析

综合分析 KMDD 方法的讨论和决策过程与其他方法收集的定量数据，可以获得更深入和更全面的认识。定性数据可以提供参与者的观点、经验和观察，而定量数据可以提供更客观的指标和统计信息，两者相结合可以得出更准确和可靠的结论。

1. 综合定性和定量数据

综合分析 KMDD 方法产生的定性数据与其他方法收集的定量数据。定性数据可以通过讨论和决策过程中的参与者观点、经验和观察获取，而定量数据可以通过问卷调查、测验、观察等手段收集。通过综合分析这两类数据，可以获得更全面的评估结果，既能了解参与者的看法和体验，又能获取客观的指标和数据。

2.数据的交叉验证

在综合分析定性和定量数据时，可以通过交叉验证的方法确认数据的一致性和可靠性。例如，通过比较定性数据中的观点和定量数据中的测量结果是否一致，以确保数据的可信度。交叉验证还可以发现潜在的矛盾或不一致之处，促进更深入的分析和解释。

3.提供更全面的见解

定性数据可以提供参与者的深入观点和体验，而定量数据可以提供总体趋势和统计结果。通过结合这两类数据，可以获得更全面的见解，从而更好地了解培训项目的效果和影响。例如，定性数据可以揭示参与者对培训内容的理解和应用，而定量数据可以提供整体参与者的满意度和学习成效的量化指标。

4.强调数据的权威性和可靠性

在开展定性和定量数据分析时，要确保数据的权威性和可靠性。采用标准化的数据收集工具和评估方法，确保数据的一致性和可比性。对定性数据的分析，可以运用系统性的方法，如主题编码和质性比较分析，以确保数据的可靠性和可信度；对定量数据的分析，要开展适当的统计检验和数据验证，以确保结果的准确性。

5.结果的综合呈现

在综合定性和定量数据的分析结果时，要注意合理的呈现和解释结果。可以使用图表、报告或可视化工具呈现数据，以便更清晰地传达评估结果。同时，要注意准确地解释数据的含义和限制，以确保评估结果的准确性和透明度。

综合而言，结合定性和定量数据分析可以为美学教育教师培训项目的评估提供更深入、更全面和更可靠的评估结果。通过定性数据和定量数据的综合分析，评估者可以获得多个维度的信息，从而更好地了解培训项目的效果、参与者的反馈和培训的实际影响。

（四）确保方法的有效性和一致性

在使用多元化的评估方法时，需要确保各个方法之间的一致性和有效性。评估过程应该具有明确的指导方针和标准，以确保数据的准确性和可比性。同时，评估者需要经过专业培训，熟悉各种方法的使用和分析过程，以保证评估的质量和一致性。

1.制订明确的评估指导方针

制订明确的评估指导方针，明确评估目标、评估方法和数据收集过程。指导方针应包括评估的步骤、时间表、参与者角色和责任等信息，确保评估过程的一致性和可操作性。

2.开展评估方法培训

为评估者提供专业的培训，使其熟练使用各种评估方法，并了解每种方法的优势和局限性。培训应包括数据收集、数据分析和结果解释等方面的知识和技能，以确保评估者能够正确、准确地使用多元化的评估方法。

3.标准化数据收集工具和流程

确保评估过程中使用的数据收集工具和流程是标准化和一致的，包括使用统一的问卷调查、观察表、访谈指南等工具，以确保数据的可比性和一致性。

4.校验数据准确性和可靠性

在数据收集和分析过程中，校验数据以确保数据的准确性和可靠性，包括输入双重数据、重复观察和独立评估等方法，以检验数据的一致性和可信度。

5.开展内部校核和评估

引入内部校核和评估机制，反馈和验证评估过程和结果，包括评估小组的内部审查、同行评议和独立评估，以确保评估的准确性、可靠性和一致性。

6.建立评估质量保障机制

建立评估质量保障机制，包括对评估过程的监控、评估者之间的交流和协作，以及持续的质量改进措施。这可以通过定期的评估讨论会议、评估报告的审查和反馈，以及评估结果的追踪和跟进实现。

7.使用数据验证和校验工具

使用数据验证和校验工具，如比较不同数据来源的一致性、检查数据的缺失或异常值等。这些工具可以帮助评估者识别潜在的数据偏差或错误，并采取相应的纠正措施。

评估者应密切关注评估过程中的细节和方法的执行，始终保持专业的态度和严谨的工作方式。同时，评估者还应保持开放的心态，接受来自不同方法的数据和信息，以获得更全面和更准确的评估结果。

（五）综合分析和综合报告

综合分析不同评估方法收集的数据，并编制综合报告，以呈现评估结果。报告应该清晰地描述每种方法的优势和局限性，并提供综合的结论和建议，以支持美学教育教师培训项目的改进和决策。

1.数据整合和比较

整合和比较来自不同评估方法的数据，包括将定性和定量数据相互对照，识别数据之间的关联和差异，并查找一致性和不一致性的模式和趋势。

2.综合分析

通过使用适当的数据分析方法和工具，分析整合后的数据，包括描述性统计分析、主题分析、模式识别、关联分析等。评估者应根据评估目标和研究问题选择合适的分析方法，以获得深入的见解和结论。

3.制订综合结论

根据综合分析的结果，制订综合结论。这些结论应基于数据和证据，并涵盖评估的各个方面。评估者应识别项目的优势和问题，并提供客观的评估意见和建议。

4.提供综合报告

编制综合报告，清晰和系统地呈现综合分析的结果和综合结论。报告应该包括评估的目的、方法、数据来源、分析过程和结果。评估者应以清晰和易于理解的方式呈现数据和信息，并使用适当的图表、图像和表格支持说明。

5. 提供建议和改进措施

在综合报告中，评估者应提供具体的建议和改进措施，以支持美学教育教师培训项目的进一步发展。这些建议应基于综合分析和综合结论，针对评估中发现的问题和挑战提供解决方案和行动计划。

综合报告应以客观、准确和透明的方式呈现评估结果，同时注重报告的可读性和可理解性。评估者应注意适应受众的需求和背景，使用清晰的语言和术语，避免使用过多的技术性语言，确保报告的可接受性和可用性。

最后，评估者还应在编制综合报告后与利益相关者沟通和讨论，以确保他们理解和接受评估结果，并为后续的决策和改进提供支持和指导。

引入多元化的评估方法可以丰富美学教育教师培训项目的评估过程和结果。通过结合使用 KMDD 方法与其他方法，可以获取更全面和准确的数据和信息，提高评估的可信度和有效性。同时，需要确保方法的有效性和一致性，并综合分析，以支持项目的改进和决策。

第八章　美学教育教师培训项目的可持续发展

第一节　探讨美学教育教师培训项目的
长期发展和持续改进

一、制订长期发展目标

制订长期发展目标是确保基于康斯坦茨困境讨论法（KMDD）的美学教育教师培训项目长期发展和持续改进的关键步骤。

（一）确定使命和愿景

美学教育教师培训项目应该明确确定自己的使命和愿景。使命是指项目追求的核心目标和意义，愿景则是对项目未来的期望和追求。确立明确的使命和愿景有助于项目组织者和参与者明确目标和方向，为长期发展奠定基础。

1. 使命的重要性

使命是项目的核心目标和意义，它描述了项目追求的价值和使命感。确定明确的使命对于项目的长期发展和持续改进至关重要。

（1）定义项目的核心目标

使命说明了项目的核心目标和价值，突出了美学教育教师培训项目的独特性和重要性。

（2）激励项目参与者

使命为项目参与者提供了共同的目标和意义，激励他们投身于项目，并持续为实现使命而努力。

（3）引导项目决策和行动

使命为项目团队提供了决策和行动的指导原则，确保项目的发展和改进与使命相一致。

2. 确定使命的步骤

确定项目的使命需要经过深入讨论和思考。确定使命一般有以下四个步骤。

（1）审视项目的核心价值

项目组织者需要明确美学教育教师培训项目的核心价值，即项目的独特贡献和意义。

（2）研究行业和市场需求

了解行业和市场的需求，确定项目在满足这些需求方面的独特定位和优势。

（3）定义目标受众和影响范围

明确项目的目标受众和影响范围，确定项目为其服务的群体以及追求的影响和变革。

（4）编写明确的使命陈述

基于以上步骤，将项目的核心目标和意义编写成一句简洁明确的使命陈述，确保其能够清晰传达项目的价值和目标。

3.愿景的重要性

愿景是对项目未来的期望和追求，它描述了项目所希望达到的理想状态和成就。

（1）激励和激励参与者

愿景提供了一个激励和激励参与者的目标，鼓励他们超越现状，追求更高的目标和成就。

（2）提供发展方向

愿景为项目提供了明确的发展方向和远景，引领项目团队朝着未来的目标不断前进。

（3）促进创新和变革

愿景激发项目团队不断追求创新，推动项目在美学教育教师培训领域实现变革和进步。

4.确立愿景的步骤

确立项目的愿景需要在考虑项目的使命、目标和预期影响的基础上，深入地思考和讨论。

（1）定义项目的未来状态

明确项目追求的理想状态和目标成就，包括教师培训的影响范围、学员的成长和发展等方面。

（2）设定长远目标

基于项目的使命和核心价值，设定长远的目标，明确项目在未来的愿景和意义。

（3）确定可行性和可实现性

评估项目愿景的可行性和可实现性，考虑外部环境和资源条件，确保愿景能够在现实中得以实现。

（4）编写明确的愿景陈述

将项目的理想状态和追求编写成一句简洁明确的愿景陈述，确保其能够激励项目团队和参与者，指引项目的发展方向。

5.使命和愿景的影响

明确的使命和愿景对美学教育教师培训项目的长期发展和持续改进有重要影响。

（1）方向和决策指南

使命和愿景为项目团队提供明确的方向和决策指南，确保项目的发展与追求一致。

（2）组织一致性

使命和愿景有助于项目团队和参与者形成共同的目标和理念，促进组织一致性和协同合作。

（3）吸引和留住人才

明确的使命和愿景能够吸引和留住有共同价值观的参与者，赢得他们的投入和承诺。

总结而言，美学教育教师培训项目的使命和愿景是项目长期发展和持续改进的基石。通过明确使命和愿景，项目能够更好地定位自己的核心目标和意义，并为参与者提供明确的方向和动力。使命和愿景的制订将帮助项目团队和参与者在项目中保持一致性，促进项目的长期发展和持续改进。在确定使命和愿景时，项目组织者应当考虑项目的核心价值、目标受众和追求的影响范围，同时注重愿景的可行性和可实现性。这些明确的使命和愿景陈述将成为项目的基准，指导项目的决策和行动，激发参与者的投入和创新精神。

（二）设定具体目标和指标

长期发展目标的设定需要具体而可衡量的。根据项目的使命和愿景，设定具体的目标和指标，可以通过 SMART 原则确保目标具备明确性、可衡量性、可实现性、相关性和时限性。这些目标和指标可以包括参与者的知识和技能提升、培训效果的改进、教学质量的提高等方面。

1.提升参与者的知识水平

目标可以通过培训提高教师在美学教育领域的知识水平。指标可以包括教师在培训结束后的知识测试成绩或通过培训获得的认证数量。

2.提升参与者的教学技能

目标可以帮助教师提升他们在美学教育中的教学技能。指标可以包括教师在培训期间通过教学实践表现的评估结果，如教学观察评分或同行评审的反馈。

3.改进培训内容和方法

目标可以不断改进培训内容和方法，以提高参与者的学习效果和满意度。指标可以包括参与者对培训内容和方法的反馈调查结果，如满意度调查或建议改进的意见反馈。

4.提高学员的学术成果

目标可以通过培训帮助学员在美学领域取得更好的学术成果。指标可以包括学员的学术研究成果，如发表的论文数量、参与的学术会议或获得的奖项。

5.增强参与者的专业发展

目标可以促进教师在美学教育领域的长期专业发展。指标可以包括参与者参加的专业发展活动数量、教师参与教研或课题研究的情况等。

（三）关注持续的质量改进

长期发展目标应将持续的质量改进纳入考虑。质量改进是指通过反馈和评估机制，不断识别和解决项目中存在的问题和挑战，并寻找改进和创新的机会。质量改进可以涉及课程设计的优化、教学方法的创新、师资培训的加强等方面，以提高项目的效果和质量。

（四）与参与者共同制订目标

参与者的参与和反馈是项目发展的关键因素。在制订长期发展目标时，项目组织者应积极与参与者合作，了解他们的需求、期望和意见。通过与参与者共同制订目标，可以提高他们的投入和满意度，并更好地满足学习和发展需求。

1. 需求调研

开展问卷调查、个别访谈或焦点小组讨论，收集参与者的意见、期望和需求。了解学生对培训项目的期望和目标，以及对美学教育教师培训的具体需求。

2. 参与者参与

邀请参与者参与项目决策和规划的过程。可以组织参与者会议或工作坊，让他们直接参与目标的制订和规划，并提供意见和建议。

3. 反馈机制

建立反馈机制，定期收集参与者的反馈和意见。可以通过反馈表、意见箱、在线平台等方式，让参与者随时提供反馈和建议，确保他们的声音被听到并及时采纳。

4. 合作决策

与参与者进行合作决策，共同商讨目标的设定和优先级。通过开展合作决策过程，确保参与者能够参与到目标的制定中，建立共识和共同责任。

5. 可行性评估

评估参与者提出的目标和建议的可行性和可实施性。考虑项目的资源、时间和能力等方面的限制，确保目标能够在可行的范围内实现。

与参与者共同制订目标的优势在于增加他们的投入和认同感，提高项目的可持续性。当参与者感到自己的意见被重视，并能参与到目标的制订中，他们更有动力积极参与培训活动，并为项目的长期发展作出贡献。

（五）与利益相关者协商和合作

美学教育教师培训项目的发展需要与利益相关者协商和合作。这些利益相关者包括政府部门、教育机构、专业协会、艺术机构等。与他们合作，可以获取资源支持、分享经验和最佳实践，并确保项目与整体教育体系和行业发展保持一致。

1. 政府部门

与政府部门合作可以获得政策支持、资源投入和监管指导。与教育部门合作，可以确保培训项目与国家教育政策和发展方向相一致。此外，与地方教育行政部门合作，可以获取对本地区教师培训需求的了解，并获得教师培训项目推广的支持。

2. 教育机构

与学校、大学和其他教育机构合作，可以利用他们的教育资源和专业知识。合作可以包括共同开展培训课程、实施实践项目、分享教育研究成果等。通过与教育机构的合作，可以获得更多的专业支持和实践机会，提高培训项目的质量和效果。

3.专业协会

与美学教育领域的专业协会合作，可以获取行业内最新的发展动态、研究成果和最佳实践。合作可以包括参与协会的研讨会、学术会议和培训活动，与行业内的专家和从业人员交流和合作。通过与专业协会的合作，可以确保培训项目与行业标准和实践保持一致，并获得行业的认可和支持。

4.艺术机构

与艺术机构合作可以提供与艺术教育和创作相关的资源和机会。合作可以包括艺术家讲座、艺术展览、创作项目等。通过与艺术机构的合作，可以丰富教师培训的内容和形式，提供更多实践和体验机会，培养教师在艺术教育领域的专业能力。

与利益相关者协商和合作的优势在于可以共享资源、经验和专业知识，提高项目的可持续性和影响力，还可以促进知识交流、合作研究和共同发展，实现资源共享和互利共赢。此外，还可以增加项目的认可度和影响力，增强项目的可持续性，促进项目长期发展。

二、建立反馈机制

建立一个有效的反馈机制，以收集参与者和利益相关者对美学教育教师培训项目的意见、建议和反馈。可以通过定期的评估问卷、访谈、焦点小组等方式收集数据，并展开系统的分析和总结。这样可以了解项目的优势、问题和改进的方向，为长期发展提供重要参考。

（一）设计评估工具

为了有效收集反馈信息，需要设计合适的评估工具。这包括评估问卷、访谈指南、焦点小组的组织结构和问题等。评估工具应该能够覆盖项目的各个方面，包括课程设置、教学方法、师资培训、参与者支持等。

（二）定期开展评估

为了确保反馈机制的有效性，应该定期开展评估。评估可以根据项目的实施周期和需要开展，可以是每个培训周期结束后的评估，或者是每年一次的综合评估。定期评估可以帮助发现问题、了解改进需求，并跟踪项目的进展和变化。

（三）结合使用多种评估方法

为了获得全面和多维度的反馈信息，可以结合使用多种评估方法。除了问卷调查外，可以采用个别访谈、焦点小组讨论等方式，以获取更深入和具体的意见和建议。不同方法的结合使用有助于提供更全面的反馈和数据支持。

（四）鼓励参与者和利益相关者的参与

为了确保反馈机制的有效性，需要鼓励参与者和利益相关者的积极参与。这可以通过明确反馈的重要性和价值、提供匿名反馈的渠道、关注参与者的意见和建议等方式实现。参与者和利益相关者的参与将为项目提供宝贵的经验和见解，促进项目的改进和发展。

（五）数据分析和总结

应系统地分析和总结收集到的反馈数据，包括定量数据的统计分析和定性数据的内容分析。通过数据分析，可以了解项目的优势、问题和改进的方向，为长期发展提供有针对性的建议和决策支持。

（六）反馈回应和改进措施

收集到的反馈应该得到认真对待，并得到相应的回应和采取相关改进措施。项目组织者应综合回应反馈，并与参与者和利益相关者分享改进措施和行动计划。这可以通过定期的反馈会议、报告和沟通渠道实现。回应反馈可以传达给参与者和利益相关者，表明他们的意见被重视，并展示项目的透明度和负责任的态度。

通过建立有效的反馈机制，美学教育教师培训项目可以收集到参与者和利益相关者的意见、建议和反馈，为项目的长期发展和持续改进提供重要的参考和支持。这将有助于项目不断优化和创新，提高教师培训的质量和效果，以更好地满足参与者的需求和社会的期望。

三、持续改进策略

基于收集到的反馈和数据，制订持续改进策略和行动计划。根据评估结果，确定需要改进的方面，并制订具体的改进措施，包括改进培训课程和内容、加强师资队伍建设、改进培训方法和活动设计等。同时，重视对反馈和建议的回应和反馈，让参与者感受到他们的意见被认真听取和采纳。

（一）分析反馈和评估结果

仔细地分析和评估收集到的反馈和评估结果。识别项目的优势和不足之处，并确定需要改进的方面。这可以通过定期评估和自我反思实现。

（二）制订具体的改进措施

根据评估结果确定的改进领域，制订具体的改进措施和行动计划。确保每个改进措施都明确、可操作，并与长期发展目标相一致。这些改进措施可以涉及教师培训课程的内容和结构调整、教学方法和策略的改进、资源支持的增加等。

（三）优化师资队伍建设

教师培训项目的质量和效果与师资队伍的素质密切相关。因此，需要加强师资队伍的建设，提供持续的专业发展机会和培训，提高教师的专业能力和素养。这可以通过提供专业培训、研讨会、研究项目和合作机会等方式实现。

（四）持续监测和评估改进效果

改进措施的实施后，需要持续地监测和评估，以确定改进的效果和成效。可以使用定量和定性的评估方法，收集数据和意见，评估改进措施的实施情况和效果。根据评估结果，调整和优化改进措施。

（五）建立合作伙伴关系

与利益相关者建立合作伙伴关系，包括学校、教育机构、行业协会等。通过合作伙伴关系，可以分享资源、经验和最佳实践，获得更多支持和参与，推动项目的长期发展和持续改进。

（六）持续学习和创新

保持对美学教育领域最新趋势和研究的关注，持续学习和更新知识。鼓励项目团队和参与者创新实践和研究，推动项目的不断发展和创新。同时，与其他相关项目和组织交流和合作，共同促进美学教育教师培训的发展。

通过以上策略的实施，基于康斯坦茨困境讨论法（KMDD）美学教育教师培训项目可以实现持续的发展。这些策略可以帮助项目团队不断优化培训内容和方法，提高教师的专业能力和素养，进一步提升项目的质量和影响力。

四、提供持续的专业发展机会

为教师提供持续的专业发展机会，帮助他们不断提升自己的艺术素养和教学能力。可以组织定期的研讨会、工作坊、讲座等活动，邀请专家和从业者分享经验和最新研究成果。同时，鼓励教师参与学术交流、研究项目和教学创新，以促进专业成长和发展。

（一）定期组织研讨会和工作坊

定期组织研讨会和工作坊，邀请专家和从业者分享他们的经验和最新研究成果。这些活动可以涵盖各个领域的美学教育内容，如艺术史、美学理论、创意表达等。教师可以通过参与讨论和交流，拓宽视野、更新知识，并将所学知识应用到自己的教学实践中。

1. 研讨会

定期组织研讨会，邀请领域内的专家和学者分享他们的研究成果和经验。研讨会可以涵盖多个美学教育领域，如艺术史、美学理论、审美教育等。专家可以介绍最新的研究进展、理论框架和实践案例，从而帮助教师深入了解美学教育的前沿领域和趋势。

2. 工作坊

组织工作坊，通过实践和互动的方式，帮助教师提升教学技能和创意表达能力。工作坊可以包括艺术创作工作坊、美学课堂设计工作坊、审美评价工作坊等。通过参与工作坊，教师可以亲身体验不同的教学方法和艺术实践，获得灵感和启发。

3. 主题研讨

根据参与者的需求和兴趣，组织主题研讨活动。主题研讨可以聚焦于特定的美学教育议题，如艺术与文化多元性、审美教育的评估与评价等。通过深入探讨特定主题，教师可以深化对相关领域的理解，并探索教学实践中的挑战和解决方案。

4. 学习社群

建立学习社群，促进教师之间的交流和合作。学习社群可以是在线平台、社交媒体群组或定期举办的交流活动。通过学习社群，教师可以分享资源、交流经验、讨论问题，并共同学习和成长。

5. 演讲和讲座

邀请知名学者、艺术家和教育专家开设演讲和讲座，为教师提供不同视角和启发。这些活动可以涉及艺术家讲座、教育创新讲座、学科交叉探索等。通过聆听专家的演讲和讲座，教师可以拓宽视野、开阔视野，并从专家的经验和见解中汲取灵感和知识。

（二）邀请艺术家和专业人士举办讲座和演示

邀请艺术家、文化领域的专业人士等进校园举办讲座和演示。他们可以分享自己的艺术创作经验、教学方法和行业见解。这样的活动可以激发教师的创作灵感，让他们了解艺术领域的最新发展和趋势。

（三）支持教师参与学术交流和研究项目

鼓励教师积极参与学术交流和研究项目。通过提供资金和资源支持，让教师参加学术会议、研讨会和研究项目。通过与其他学者和从业者的交流合作，教师可以深入研究和探索美学教育领域的前沿问题，并将研究成果应用到自己的教学实践中。

（四）鼓励教师进行教学创新

鼓励教师教学创新，以提供支持和资源的方式，尝试新的教学方法和策略，如教学技术培训、创新教材和教学工具等。同时，建立一个积极的创新文化，让教师感受到自己的创新尝试受到欢迎和支持。

（五）提供个体化的发展计划和指导

针对每位教师的需求和兴趣，提供个体化的发展计划和指导。开展定期的评估和反馈，帮助教师识别自己的专业发展目标，并制订相应的学习计划。同时，提供指导和支持，确保教师的个体化发展计划得到有效执行。

通过提供持续的专业发展机会，教师能够不断更新自己的知识和技能，提升教学质量和效果，为美学教育教师培训项目的长期发展和持续改进提供坚实基础。

五、建立合作伙伴关系

与相关机构、学校、艺术机构等建立合作伙伴关系，共同推动美学教育教师培训项目的发展和持续改进。通过与其他机构的合作，可以分享资源和经验，拓宽培训的范围和内容，提供更多的机会和平台给教师学习、交流和合作。

（一）资源共享和整合

合作伙伴关系可以促进资源的共享和整合，包括教材、课程设计、教学设备、专业人才等方面的资源。不同机构可以互相借鉴和学习，整合各自的优势和特色，形成更丰富和更综合的教师培训资源。

（二）专业经验和指导

合作伙伴关系可以为美学教育教师培训项目提供专业经验和指导。与专业艺术机构合作可以获得他们在艺术教育方面的专业知识和经验，学习教学方法和实践经验，为培训项目提供更加深入和专业的教学支持。

（三）实践机会和合作项目

与学校、艺术机构等建立合作伙伴关系可以为教师提供实践机会和合作项目。教师可以参与学校或机构的实际教学活动，与学生互动和合作，将所学知识应用于实际教学中。这样的实践机会有助于提升教师的教学能力和专业素养。

（四）师资培训和交流

合作伙伴关系可以促进师资培训和交流。不同的机构可以举办师资培训活动，邀请专家和从业者举办讲座和培训，为教师提供专业发展的机会。同时，教师可以通过合作伙伴关系参与交流活动，与其他教师互动和分享，共同提高教学水平。

（五）项目推广和影响力扩大

通过与相关机构建立合作伙伴关系，美学教育教师培训项目的影响力可以得到扩大。合作伙伴可以共同推广和宣传培训项目，吸引更多教师参与和关注，进而推动美学教育在教育领域的发展和普及。

建立合作伙伴关系需要建立长期稳定的合作机制和有效的沟通渠道。双方需要明确合作的目标和利益，制订合作协议和计划，明确各方的责任和贡献。

第二节　研究投入决策对项目可持续性的影响

通过合理的研究投入决策，可以有效地支持项目的改进和创新，增强培训效果，并为项目的长期发展奠定基础。

一、确定研究重点和目标

确定投入决策需要明确研究的重点和目标。通过研究，可以深入了解美学教育教师培训项目的需求、挑战和发展方向，为项目的改进和创新提供依据。确定研究重点和目标可以帮助项目团队聚焦关键问题，推动项目的可持续发展。

（一）教师培训需求研究

了解教师在美学教育领域的培训需求，包括对知识、技能和教学方法的需求。通过调查、访谈或焦点小组讨论等方法，收集教师的反馈和意见，确定他们在美学教育方面的培训需求，从而为项目的课程设计和内容开发提供依据。

1.研究目标的明确化

在开展教师培训需求研究之前，需要明确研究目标。研究目标可以包括了解教师在美学教育领域的知识、技能和教学方法需求，探索教师对美学教育的认知和期望，评估教师培训的现状和效果等。明确的研究目标有助于指导研究的方向和内容。

2.选择适当的研究方法

根据研究目标，选择适当的研究方法开展对教师培训需求的调查和分析。常用的方法包括问卷调查、访谈和焦点小组讨论。问卷调查可以覆盖更广泛的教师群体，以获取大量的定量数据。访谈和焦点小组讨论可以深入了解教师的观点和经验，获取更为详细的定性数据。

3.设计调查问卷或访谈指南

根据研究目标，设计调查问卷或访谈指南。问卷可以包括关于教师背景信息、美学教育认知、培训需求和期望等方面的问题。访谈指南可以涵盖更具体和深入的问题，以探索教师在美学教育领域的具体需求以及面临的挑战。

4.数据收集与分析

根据研究方法选择适当的数据收集方式。问卷调查可以通过在线平台或纸质调查表开展，收集教师的意见和反馈。访谈和焦点小组讨论可以通过录音或笔记记录，并开展后续的内容分析。收集到的数据可以使用统计分析和质性分析方法整理、归纳和解释。

（二）教师培训成效评估

评估教师培训项目的成效和效果，了解教师参与培训后的变化和提升。可以采用问卷调查、观察、教学案例分析等方法，收集数据并分析。通过评估教师的知识水平、教学技能和教学实践，确定培训项目的有效性和可持续性，为项目的改进提供依据。

1.设定评估目标和指标

在开展教师培训成效评估之前，需要明确评估的目标和指标。评估目标可以包括教师知识水平的提升、教学技能的改善、教学实践的创新等方面。指标可以是具体的能力要求或观察到的行为表现，如教学评分、学生评价等。设定明确的目标和指标有助于评估过程的准确性和有效性。

2.选择合适的评估方法

根据评估目标和指标，选择合适的评估方法收集和分析数据。常用的评估方法包括问卷调查、观察、教学案例分析等。问卷调查可以收集教师的自我评价和参与者的反馈意见，可以直接观察教师在教学实践中的表现；教学案例分析可以评估教师在实际教学中的教学设计和教学效果。选择合适的评估方法有助于获得全面而准确的数据。

（三）教师培训模式研究

研究不同的教师培训模式和方法，探索最有效的培训方式。可以比较不同模式下的培训效果和教师满意度，分析其优缺点和适用场景。通过研究不同的培训模式，可以为项目提供更灵活和可持续的培训方式，满足不同教师的需求。

1.研究目标和问题的设定

在开展教师培训模式研究之前，需要明确研究的目标和问题。研究目标可以包括探索不同培训模式对教师培训效果的影响、比较不同模式下教师的满意度和参与度等。问题可以围绕培训模式的设计、实施和评估等方面展开，以深入了解培训模式的特点和影响。

2.选择研究方法和样本

根据研究目标和问题，选择合适的研究方法和样本。研究方法可以包括实地观察、访谈、问卷调查等。实地观察可以观察和记录不同培训模式的实施情况和教师参与情况，访谈和问卷调查可以收集教师对不同培训模式的评价和意见。样本选择应尽可能代表不同类型和背景的教师，以获得全面和具有代表性的数据。

3.比较不同培训模式的优缺点

通过研究不同的培训模式，分析其优缺点和适用场景。不同的培训模式可能包括面对面培训、在线培训、混合式培训等。可以比较这些模式在教师培训效果、教师参与度、资源投入和可持续性等方面的差异。深入分析每种模式的优势和限制，为项目提供合适的培训模式选择和改进方向。

4.分析培训模式的适用场景和效果

研究不同的培训模式时，需要考虑其适用场景和效果。不同模式可能适用于不同教育背景、教师需求和资源条件。通过分析不同模式在不同场景中的效果，可以为项目提供针对性的培训模式选择和改进建议。例如，对具有时间限制和地理限制的教师群体，在线培训可以提供更便捷和灵活的学习方式；对需要面对面交流和实践经验的教师群体，面对面培训可能更为有效。混合式培训模式结合了在线学习和面对面交流的优势，适用于多样化的教师培训需求。

通过深入研究不同的培训模式和方法，了解其优缺点和适用场景，可以为美学教育教师培训项目的长期发展和持续改进提供重要的指导和支持。可以根据研究结果选择最适合的培训模式，提供灵活且高效的教师培训，从而提高教师的专业能力和教育质量，推动美学教育的发展和推广。

（四）教师专业发展研究

研究教师的专业发展需求和路径，探索如何持续提升教师的艺术素养和教学能力。可以通过追踪教师的专业发展轨迹、深入研究他们的学习和成长过程，了解教师专业发展的关键因素和成功经验。通过研究教师的专业发展，可以为项目提供指导，确保教师的长期学习和成长。

1.研究教师专业发展的需求和面临的挑战

通过调查、访谈和焦点小组讨论等方式，深入了解教师在美学教育领域的专业发展需求和挑战。这包括教师在艺术素养、教学技能、课程设计和评估等方面的需求。通过研究教师的专业发展需求，可以为项目确定关键的培训内容和目标。

2.探索教师专业发展的路径和策略

研究教师专业发展的路径和策略，寻找持续提升教师的艺术素养和教学能力的方法。可以关注教师在不同阶段的发展需求，如初级教师、中级教师和高级教师等。通过研究不同阶段的专业发展路径，可以为教师提供相应的培训和支持，促进其教学能力的不断提升。

3. 跟踪教师的专业发展轨迹

通过跟踪教师的专业发展轨迹，了解其学习和成长过程。可以观察教师参与培训项目后的变化和发展，分析其专业发展的关键因素和影响因素。同时，研究可以关注教师在教学实践中的应用和创新，探索教师专业发展的实际效果和影响。

4. 分析教师专业发展的成功经验和挑战

通过案例研究和个案分析，分析教师专业发展的成功经验和挑战。可以关注那些在专业发展中取得显著成效的教师，并探究他们采取的策略和实践。同时，也要关注教师在专业发展过程中遇到的困难和挑战，以寻找解决方案和改进措施。

（五）教师培训影响研究

研究教师培训对学生学习和发展的影响，探索教师培训在美学教育中的价值和作用。可以通过观察学生的学习情况、学术成绩、创造力发展等多个方面，分析教师培训对学生的影响。通过研究教师培训对学生学习成果和综合素养的影响，可以验证培训项目的有效性，并进一步优化培训内容和方法。

1. 学生学习成果的评估

通过对学生学习成果的评估，可以了解教师培训对学生学术表现和知识掌握的影响。这可以包括学术成绩、学科知识的掌握程度、学术作品质量等方面的评估。通过比较参与教师培训的学生和未参与培训的学生的学习成果，可以分析教师培训对学生的影响程度。

2. 学生创造力和创新能力的培养

教师培训不仅影响学生的学术成绩，还可以对学生的创造力和创新能力产生积极影响。通过观察学生的创造性作品、创新项目或解决问题的能力，可以评估教师培训对学生创造力和创新能力的培养效果。这种影响研究有助于验证教师培训在培养学生创造力和创新能力方面的作用。

3. 学生的兴趣和参与度提高

教师培训的目标之一是激发学生对美学教育的兴趣和参与度。通过观察学生对美学教育课程的积极参与、学习动力的提升和学科兴趣的培养，可以评估教师培训对学生兴趣和参与度的影响。这种研究有助于了解教师培训对学生学习动力和学科选择的影响。

4. 学生综合素养的提升

除了学术成绩和创造力外，教师培训还可以对学生的综合素养产生积极影响。综合素养包括学生的道德品质、社交技能、审美情操等方面。通过观察学生在道德行为、合作能力、情感表达等方面的表现，可以评估教师培训对学生综合素养的提升效果。

在确定研究重点和目标时，应综合考虑项目的发展需求、参与者的需求和社会的需求。同时，建议与项目团队、专家和利益相关者广泛地讨论和协商，以确保研究的目标和方法与项目的整体发展方向相一致。

二、提供理论支持和学术指导

研究投入决策可以为美学教育教师培训项目提供理论支持和学术指导。通过对相关领域的研究，可以深入探讨美学教育的理论基础、教学方法和评估模型等，为培训项目提供学术依据和指导。研究的结果可以帮助项目团队优化培训内容和方法，提高培训的有效性和影响力。

（一）研究美学教育的理论基础

通过对美学教育的理论框架、概念和原则的研究，可以深入理解美学教育的核心理念和目标，这有助于明确培训项目的教育价值和目标，并将其纳入培训的设计和实施中。

（二）探索教学方法和策略

研究可以探索适用于美学教育的教学方法和策略。通过比较和分析不同的教学方法，可以确定哪些方法更适合美学教育教师培训项目，从而提供具体的指导和建议。

（三）开展评估研究

研究可以关注美学教育教师培训项目的评估模型和方法。通过研究不同的评估工具和指标，可以建立科学有效的评估体系，用于评估教师培训的成效和影响。这有助于为项目提供可靠的数据和信息，支持决策的制订和改进。

（四）开展实证研究

通过实证研究，可以验证美学教育教师培训项目的有效性和影响力。通过收集和分析实际培训过程中的数据和反馈，可以评估培训的效果，并进一步优化培训内容和方法。实证研究可以提供具体的证据，帮助项目团队做出决策和改进。

（五）推动学术交流与合作

鼓励项目团队与学术界合作，参与学术会议、研讨会和论坛等活动，分享研究成果和经验。与学术界的合作可以促进知识共享和学术交流，为美学教育教师培训项目的发展和改进提供更广泛的学术支持。

通过研究投入决策，可以为美学教育教师培训项目提供理论支持和学术指导，为项目的可持续发展奠定基础。同时，需要注意研究的质量和有效性，以确保研究成果的可信度和应用性。

三、收集和分析数据

研究投入决策需要收集和分析相关数据。通过问卷调查、访谈、观察等方法，可以了解参与者的需求、反馈和评价，收集实际教学和学习的数据。这些数据可以为项目的改进和决策提供有力的支持和依据，促进项目的可持续发展。

（一）设计问卷调查

通过设计问卷调查，可以收集参与者对美学教育教师培训项目的看法、意见和反馈。问卷可以包括关于培训内容、教学方法、参与者体验、培训效果等方面的问题。通过定量分析问卷数据，可以获取参与者的整体意见和满意度水平，识别培训存在的问题和改进的方向。

1.确定调查目标和研究问题

在设计问卷调查之前，需要明确调查的目标和研究问题。这些目标和问题应该与美学教育教师培训项目的效果评估相关，可以包括参与者对培训内容、教学方法、组织安排、学习成果等方面的看法和意见。

2.构建问卷结构和题目

根据调查目标和研究问题，设计问卷的结构和题目。问卷可以包括开放性问题、封闭性选择题、评分题等不同类型的问题。在设计题目时，要确保问题清晰明确、简洁易懂，并覆盖关键方面，如培训满意度、知识掌握程度、教学方法的适用性等。

3.量表设计和评价指标

为了量化评估参与者的意见和反馈，可以设计评价指标和量表，可以包括满意度评价、效果评估、学习成果评估等。通过构建合适的量表和评价指标，可以系统地收集参与者对各个方面的评价，为数据分析提供可量化的依据。

4.确定样本和调查对象

在问卷调查之前，需要确定样本和调查对象。样本可以是教师培训项目的参与者、教师、学生等。通过合理抽样和样本大小的确定，保证调查结果的代表性和可信度。

5.问卷测试和修改

在正式实施问卷调查之前，实行问卷测试和修改是必要的。通过试调查一小部分受访者，评估问卷的可行性和问题的有效性。根据试调查的结果，及时修改和调整问卷内容和结构，确保问卷的质量和可用性。

（二）访谈和焦点小组讨论

通过访谈和焦点小组讨论，可以深入了解参与者的体验、观点和建议。访谈可以针对特定的参与者，包括教师、学员、项目组成员等，以获取他们的个体经验和反馈。焦点小组讨论可以组织一组参与者深入地集体讨论，探讨他们的共同观点和经验。这些定性数据可以提供丰富的细节和深入的理解。

1.访谈设计和目标

在访谈之前，需要设计访谈的结构和目标。访谈可以针对不同的参与者，包括教师、学员、项目组成员等。通过访谈，可以深入了解他们对美学教育教师培训项目的体验、观点和建议。访谈问题应该与评估目标和研究问题相关，可以包括对培训内容、教学方法、组织安排、学习成果等方面的询问。

2.访谈方式和流程

访谈可以采用个别访谈或小组访谈的方式。个别访谈可以更好地捕捉个体的经验和观点，而小组访谈可以促进参与者之间的交流和共享。在访谈时，需要设定合适的流程和时间安排，确保参与者能够充分表达自己的意见和想法。

3. 焦点小组讨论组织和引导

焦点小组讨论可以组织一组参与者集体讨论。在组织和引导焦点小组讨论时，需要明确讨论的主题和目标，确保每个参与者都有机会发表意见并参与讨论。引导者应该灵活运用讨论技巧，促进参与者之间的互动和交流，引导讨论朝着预定的目标方向行进。

（三）实地观察

通过实地观察教师培训活动和实际教学情境，可以直接观察和记录教师和学员的行为、互动和学习过程。这可以提供关于教学质量、参与者互动、学习成果等方面的客观数据。观察数据可以通过记录和编码分析，以获取教学实践的真实情况和问题点。

1. 观察目标和重点

在实地观察之前，需要明确观察的目标和重点。可以确定观察教师培训活动、教学过程和学习互动等方面的目标。这有助于确定观察的重点，将注意力集中在与项目效果和改进有关的关键方面。

2. 观察工具和记录方式

为了有效实地观察，可以使用观察工具和记录方式。观察工具可以包括观察记录表、行为记录表、事件记录表等。通过记录参与者的行为、互动和学习过程，可以收集客观的观察数据。同时，可以结合录音、摄像等技术手段辅助观察和记录。

3. 观察时间和场所的选择

在确定实地观察的时间和场所时，需要充分考虑教师培训活动和教学过程的典型性和代表性。可以选择不同的教学场景和参与者，确保观察数据的多样性和全面性。此外，需要获得参与者的同意，并尊重他们的隐私和权益。

4. 数据记录和编码

在实地观察过程中，及时记录和编码数据是关键步骤。观察数据可以通过详细记录和编码，包括参与者的行为、表情、言语、互动方式等。编码过程可以根据事先设定的分类体系，分类和整理观察到的数据，以便后续对数据进行分析和解读。

（四）分析评估数据

收集到的数据需要系统地整理、编码和分析。可以使用适当的统计分析方法，如描述性统计、相关分析、因素分析等，定量分析数据。同时，也可以运用质性分析方法，如主题分析、内容分析等，归纳和整理访谈和焦点小组数据。通过数据分析，可以发现数据中的模式、趋势和关联性，为项目的改进和决策提供科学依据。

1. 数据整理和编码

首先，整理和编码收集到的数据。对定量数据，可以使用统计软件清理和整理数据，确保数据的准确性和完整性。对质性数据，如访谈和焦点小组的记录，可以逐字逐句地归纳和整理，将其转化为可分析的形式。

2. 描述性统计分析

使用描述性统计方法分析定量数据，可以获得数据的基本特征和分布情况。例如，可以计算平均值、标准差、频率分布等统计量，了解参与者的整体评价、满意度水平和分布情况。这些分析结果可以为项目的改进和决策提供参考。

3. 相关性分析

通过相关性分析，可以探索数据之间的关联关系。可以使用相关系数分析确定不同变量之间的相关性强度和方向。例如，可以分析教师培训满意度与学习成果之间的关系，或者教师参与度与培训效果之间的关系。这些分析结果有助于发现重要的关联因素，以及可能影响项目效果的关键变量。

4. 因素分析

对涉及多个变量的数据集，可以使用因素分析方法，识别潜在的因素或维度。因素分析可以帮助发现数据中的内在结构和模式，将多个相关变量归纳为几个更为简洁的因子。这可以提供关于教师培训项目中的关键因素，指导后续培训的改进和优化。

5. 质性数据分析

对质性数据，如访谈和焦点小组的记录，可以运用质性分析方法识别主题、模式和趋势。例如，可以使用主题分析提取和归纳出参与者对培训内容、教学方法、学习成果等方面的重要观点和体验。这种分析可以提供丰富的描述性信息和深入的理解，支持项目的改进和决策的制订。

（五）识别问题和改进方向

通过数据分析，可以识别美学教育教师培训项目存在的问题和改进的方向。例如，可能会发现教师对特定培训内容的理解不足、培训方法的效果不理想或参与者对培训体验的不满意等。

1. 知识和技能需求较高

在这种情况下，项目可以考虑增加相关内容的培训或提供更深入的学习机会，以满足教师的需求。同时，还可以根据数据结果重新评估培训内容的设置和安排，确保其与教师的实际需求和学习进程相匹配。

2. 培训方法不有效或没有吸引力

数据分析可能显示培训方法的效果不理想或参与者对培训方法的满意度较低。在这种情况下，项目可以考虑采用更多样化和互动性的教学方法，如案例研究、团队合作、反思实践等，以提高培训的吸引力和实效性。此外，数据分析还可以识别出具体的问题点，如培训过程中时间管理、教学资源的不足等，以便针对性地改进。

3. 参与者满意度低

数据分析可能反映出参与者对培训体验的不满意度，如培训组织和管理的问题、交流和互动的不足等。在这种情况下，项目可以通过收集反馈意见、组织反馈会议或个别沟通等方式，深入了解参与者的关注点和需求，并针对性地改进培训的组织和管理方式。此外，建立有效的反馈机制和参与者反馈的文化，可以及时发现问题并采取措施。

4.培训后的实践转化不足

数据分析可能显示教师在培训后的实践转化程度不高，即所学知识和技能未能有效地应用于教学实践中。在这种情况下，项目可以探索更有效的支持机制，如跟进辅导、实践指导、教学观察等，以帮助教师将培训所学应用于实际教学中。此外，也可以与学校和教育机构建立合作关系，促进培训与实践的紧密结合，提供更多实践机会和资源支持，以促进教师在教学实践中的转化和应用。

5.需求和目标的变化

数据分析可能呈现教师培训项目中的需求和目标发生变化。可能发现新的教学趋势、政策变化或教师群体的特殊需求等。在这种情况下，项目需要灵活调整培训内容和方法，以适应变化的需求和目标。这可以包括持续的需求调研、与相关教育机构和专家的合作，以及持续的反馈机制，确保项目能够与时俱进，并满足教师不断变化的需求。

通过识别问题和改进方向，项目可以有针对性地调整培训内容、方法和支持措施，以提高培训的效果和可持续性。同时，建立反馈和评估机制，与参与者持续沟通和合作，以确保项目能够不断改进和满足参与者的需求。此外，密切关注教育领域的发展趋势和最新研究成果，以不断更新和改进培训内容和方法，使其与时俱进，满足教师培训的需求和目标。

四、评估和监测项目效果

研究投入决策可以帮助评估和监测美学教育教师培训项目的效果。通过实施评估研究，可以了解培训的成效和影响，发现问题和改进空间。评估的结果可以为项目的调整和改进提供重要的参考，确保项目在长期发展中保持有效性和可持续性。

（一）制订评估计划

在项目开始之前，制订评估计划，并明确评估的目标、方法和时间框架。评估计划应考虑到项目的特点和目标，确定合适的评估指标和工具。

1.确定评估目标

评估计划应明确评估的目标和期望达到的效果。这些目标可以包括教师培训效果的提升、学生学习成果的改善、教学方法和资源的有效性等。明确的目标有助于指导评估的方向和内容，并为后续的改进和决策提供指导。

2.确定评估方法

评估计划应选择合适的评估方法和工具，以收集项目相关的数据和信息。常用的评估方法包括问卷调查、访谈、观察、课堂观察等。根据评估的目标和研究问题，选择适当的方法，并设计相应的评估工具。同时，评估计划还应考虑到数据的收集和分析方式，确保数据的可靠性和可比性。

3.确定评估时间框架

评估计划应确定评估的时间框架和频率。评估可以在项目实施的不同阶段展开，如在项目开始前开展基线评估、项目实施中开展中期评估，以及项目结束后开展终期评估。通过定期评估，可以了解项目的进展情况、效果和问题，及时调整项目的策略和行动计划。

4.确定评估指标

评估计划应明确评估的指标和标准，以衡量项目的效果和影响。评估指标可以根据项目的特点和目标制订，包括教师培训成效指标、学生学习成果指标、教学方法和资源的有效性指标等。指标的选择应与评估目标一致，并具备可衡量性、可操作性和可比性。

5.确定数据收集和分析方法

评估计划应确定数据的收集和分析方法。数据可以通过问卷调查、观察记录、学生作品评估等方式收集，同时还可以考虑借助技术手段收集和分析数据，如在线调查工具、教学记录系统等。数据的分析可以采用定量和定性的方法，以综合分析评估计划的制订对美学教育教师培训项目的长期发展和持续改进至关重要。

（二）收集数据

根据评估计划，收集相关的数据以评估项目的效果。数据可以有不同的来源，包括问卷调查、访谈、观察、教师和学生作品、学习成果等。数据的收集可以定期开展，以便跟踪项目的进展和效果。

1.确定数据来源

根据评估计划，确定数据收集的来源。数据可以来自多个渠道，包括教师、学生、项目参与者、观察者等。常用的数据来源包括问卷调查、访谈、观察、教师和学生作品、学习成果等。根据评估的目标和研究问题，选择合适的数据来源，并确保数据的全面性和代表性。

2.问卷调查

通过设计问卷调查，收集项目参与者的意见、反馈和评价。问卷调查可以包括封闭式问题和开放式问题，涵盖项目的不同方面，如培训内容、教学方法、资源支持等。问卷调查可以通过在线调查工具或纸质调查表的形式进行，以便收集参与者的意见和建议。

3.访谈

通过面对面或远程访谈，与教师、学生和项目参与者深入交流，了解他们的体验、观点和看法。访谈可以采用半结构化或全结构化的形式，根据评估的目标和研究问题，设计合适的访谈提纲。通过访谈，可以获取更详细和具体的信息，深入了解参与者的体验和对项目的评价。

4.观察

通过实地观察教学过程、课堂活动和学生表现，收集直接的观察数据。观察可以采用参与观察或非参与观察的方式。参与观察可以作为项目团队的一员参与教学活动，并记录观察结果；非参与观察可以通过观察教学录像或课堂观察表格来收集数据。观察数据可以提供实际的行为和表现，帮助评估教学质量和学生的学习情况。

5.教师和学生作品

通过收集教师和学生的作品，如教案、课件、学生作业、创作作品等，评估教学质量和学生的学习成果。教师的作品可以反映教师的教学设计和教案准备水平，学生的作品可以反映他们在美学教育中的学习成果和创作能力。通过收集和分析这些作品，可以定量和定性地评估教学质量和学生表现。

通过收集相关数据，评估和监测美学教育教师培训项目的效果，可以及时发现问题、调整策略，并为项目的持续改进提供有力的依据。数据收集应注重数据的全面性和代表性，数据处理和分析应遵循科学的原则和方法，以确保评估结果的准确性和可靠性。同时，应确保数据的隐私和保密性，遵守相关的伦理规范和法律要求。

（三）分析数据

分析收集到的数据，以获取有关项目效果的信息。可以使用定量和定性分析方法，如统计分析、主题分析、内容分析等，整理、归纳和解释数据。通过数据分析，可以了解项目的成效、参与者的反馈和满意度等方面。

1.数据整理与清洗

在分析数据之前，首先需要整理和清洗收集到的数据，包括检查数据的完整性和准确性，处理缺失数据、异常值和重复数据，以确保数据的质量和可靠性。数据整理和清洗的过程可以使用数据处理软件，如 Excel、SPSS 等。

2.定量数据分析

定量数据分析主要关注数值化的数据，如问卷调查的量表得分、考试成绩等。常用的定量数据分析方法包括描述统计分析和推论统计分析。描述统计分析可以通过计算均值、标准差、频数和百分比等统计指标描述和总结数据的分布和特征。推论统计分析则可以运用假设检验、相关分析、回归分析等方法，探索变量之间的关系和影响。

3.定性数据分析

定性数据分析主要关注非结构化的数据，如访谈、观察和开放式问答等。定性数据分析需要主题编码、内容分析和模式识别等过程。通过对文本数据的细致阅读和编码，可以识别出重要主题和模式，并从中提取出关键信息和见解。

4.数据解释和解读

数据分析的结果需要解释和解读，以获取有关项目效果的深入理解。数据解释可以通过图表、表格和文字描述等方式，呈现数据的关系和趋势。解释过程应遵循科学原则，确保解释的合理性和可靠性。

5.交叉分析和比较分析

在数据分析过程中，可以开展交叉分析和比较分析，以探索不同变量之间的关系和差异。交叉分析可以揭示变量之间的交互作用和影响，比较分析则可以比较不同群体、不同时间点或不同条件下的数据，以发现差异和趋势。

通过数据分析，可以获取关于项目效果的详细信息，如教师培训的效果、学生学习成果的改善、教学方法的有效性等。数据分析的结果可以为项目团队提供具体的指导和建议，帮助他们有针对性地改进和决策。

（四）解读和解释结果

根据数据分析的结果，开展对结果的解读和解释。对比数据与项目的目标对比，评估项目的实际达成程度。同时，考虑数据的限制和偏差，确保对结果的准确理解。

1.结果与目标对比

在解读和解释评估结果时，首先需要对比结果与项目的设定目标。比较项目实际成果和预期目标之间的差距，分析项目在不同方面的表现和效果。这种对比有助于评估项目的实际达成程度，发现项目的优势和改进空间。

2.数据的限制和偏差

在解读和解释结果时，需要考虑到数据的限制和偏差。数据的采集和分析过程中可能存在一些误差和不确定性，如样本偏倚、回忆偏差、自我报告偏差等。这些限制和偏差可能影响对结果的解释和推断。因此，在解读结果时需评估数据的可靠性和有效性，并注意数据的局限性。

3.综合分析和归纳

在解读和解释结果时，可以进行综合分析和归纳，将各项数据和发现整合为一个有条理的结果。通过对数据的归纳和整合，可以发现数据之间的关联和趋势，提炼出关键发现和见解。综合分析有助于从数据中提取出重要的信息，并将其转化为对项目的实际影响的理解。

4.确定结果的影响和意义

在解释和解读结果时，需要确定结果的实际影响和意义。这需要将数据和发现与项目的目标和背景相结合，考虑项目对教师培训、学生学习和美学教育的整体贡献。通过分析结果的影响和意义，可以评估项目的有效性和可持续性，并为进一步的改进和决策提供依据。

5.透明和沟通

解读和解释结果应保持透明和清晰，以便与项目团队和利益相关者沟通和共享。结果的解释应以易懂和可理解的方式进行，避免使用过于专业化的术语和复杂的统计分析。通过沟通，项目团队和利益相关者可以共同理解和解释结果，并促进对项目的共识和支持。

通过对结果的解读和解释，可以深入理解项目的实际效果和影响。这有助于项目团队评估项目的质量和可持续性，及时调整和改进项目的策略和行动计划。

（五）监测项目进展

监测可以包括定期收集和分析关键指标，如参与者的满意度、学习成果、教师的专业发展等。通过监测项目的进展，可以及时发现问题并采取相应的措施。

1.设定关键指标和目标

在监测项目进展时，首先需要明确关键指标和目标。关键指标可以包括参与者的满意度、学习成果、教师的专业发展等方面的数据。目标是设定项目期望达到的结果和水平。

通过明确关键指标和目标，可以量化和衡量项目的进展情况。

2.确定监测方法和工具

监测项目进展需要选择合适的方法和工具，收集和分析关键指标的数据。常用的监测方法包括问卷调查、学生考试成绩、教学观察、教师自评等。这些方法可以根据项目的特点和需求选择，并设计相应的监测工具。同时，还需要制订监测的时间安排和频率，以确保及时获得数据。

3.收集和分析数据

在项目实施过程中，定期收集和分析关键指标的数据。数据可以通过问卷调查、测试、观察记录等方式收集。需要整理、归纳和分析收集到的数据，以获得有关项目进展的信息。数据分析可以采用定量和定性的方法，以综合分析和解释数据的结果。

4.解读和解释结果

解读和解释收集到的数据，以了解项目的实际进展情况。通过对数据的分析和解释，可以评估项目的达成程度和目标的实现情况。同时，还可以发现项目的优势和改进空间，为后续的决策和行动提供指导。

5.反馈和改进措施

监测项目进展的一个重要目的是为项目团队提供反馈和改进措施。通过及时反馈项目的进展情况和结果，可以帮助项目团队认识到项目的问题和挑战，并采取相应的改进措施，包括调整教学方法、改进培训内容、加强项目管理等。反馈和改进措施有助于确保项目在实施过程中持续改进和取得良好效果。

6.监测项目团队的支持和资源

监测项目进展还可以帮助项目团队评估自身的支持和资源情况。通过了解项目团队的支持和资源情况，可以及时调整和优化资源分配，确保项目的顺利进行和可持续发展。

通过评估和监测项目的效果，可以及时发现问题并采取相应的措施，确保项目的可持续性。这也为项目的长期发展提供了宝贵的学习经验和指导，帮助项目团队不断改进和创新。评估和监测的过程应该是一个循环的过程，不断反馈和改进，以确保项目的成功和可持续性。

五、推动创新和发展

研究投入决策可以推动美学教育教师培训项目的创新和发展。通过开展研究，可以发现新的教学方法、教材资源、评估模型等，为项目提供新的思路和方法。研究的结果可以激发项目团队的创新意识和动力，推动项目在教学内容、教学方法、教师培训模式等方面的不断改进和发展，从而实现项目的可持续性。

（一）发现新的教学方法和策略

研究投入使项目团队能够深入研究美学教育的理论和实践，并发现新的教学方法和策略。通过对教学实践的观察、实证研究和文献回顾，可以了解不同的教学方法对学生学习和艺术素养的影响。这些新的教学方法可以帮助教师更好地教授美学教育内容，提升学生的学习效果。

1. 教学方法多样性

研究投入可以帮助教师了解和尝试多样化的教学方法。通过深入研究美学教育领域的理论和实践，教师可以获得新的教学方法和策略的启示。这可能包括使用案例分析、问题解决、小组讨论、项目学习等多种教学方法，以促进学生的参与和主动学习。

2. 教学策略创新

研究投入可以促使教师创新教学策略，以提高教学效果和学生学习成果。通过研究美学教育的最新发展和教学实践，教师可以发现并尝试新的教学策略，如项目驱动学习、问题导向学习、合作学习等。这些策略可以激发学生的兴趣和参与度，提升学习动机和创造力。

3. 教学策略个性化

研究投入可以促进教师个性化教学策略的发展。通过深入了解学生的特点、需求和学习风格，教师可以根据个体差异调整教学策略，以更好地满足学生的学习需求。个性化的教学策略可以提高学生的学习动机和学习成果，使美学教育更加个性化和有效。

通过对教学方法多样性、教学策略创新、教学策略个性化等方面的研究，项目能够不断创新和发展，为教师提供更优质的培训，从而推动美学教育的质量和影响力的提升。

（二）提供创新的教材和资源

研究投入可以推动教师培训项目提供创新的教材和资源。通过研究美学教育领域的最新发展和学术成果，项目团队可以获取到前沿的教学资源和案例研究，为教师提供丰富的教学材料和实践案例。这些创新的教材和资源能够激发教师的教学创意，提高教学的质量和深度。

1. 最新研究成果和学术发展

通过研究投入，项目团队可以密切关注美学教育领域的最新研究成果和学术发展。这包括理论研究、实证研究、案例研究等方面的成果。基于这些研究成果，项目团队可以开发出新颖、前沿的教材和资源，涵盖艺术理论、艺术史、审美经验等方面的内容，从而丰富教师的教学资源。

2. 跨学科整合

美学教育涉及跨学科的知识领域，如美学、艺术、哲学、心理学等。通过研究投入，可以促进不同学科之间的整合与交叉，将不同学科的理论和方法融合在教材和资源中。例如，可以将艺术创作与哲学思辨结合，引入认知心理学理论解析审美体验，从而提供多元化和综合性的教学材料和资源。

3. 跨文化视角

研究投入还可以促进跨文化视角的融入教学材料和资源的开发中。美学教育涉及不同文化背景、艺术传统和审美观念，通过研究不同文化的艺术表达方式、审美观念和艺术教育模式，可以开发出具有跨文化视野的教材和资源。这样的教材和资源可以帮助教师和学生更好地理解和欣赏不同文化的艺术，促进跨文化交流和理解。

（三）设计新的评估模型和指标

研究投入可以帮助项目团队开发新的评估模型和指标，用于评估美学教育教师培训项目的效果和影响。通过研究美学教育的评估理论和实践，可以设计出更准确和更全面的评估工具和方法，以衡量教师的教学效果和学生的学习成果。这些评估模型和指标能够提供更科学和客观的评估结果，为项目的改进和持续发展提供依据。

1.评估模型的设计

研究投入可以帮助项目团队设计更全面和更准确的评估模型，以评估美学教育教师培训项目的效果和影响。传统的评估模型可能注重教师的知识和技能，但研究投入可以促使团队考虑更广泛的维度，如教学方法的创新性、学生的创造力发展、审美意识的提高等。通过研究相关领域的最新成果，团队可以设计出更符合美学教育特点的评估模型。

2.指标的选择和测量

研究投入可以帮助确定适合美学教育教师培训项目的评估指标，并设计有效的测量方法。例如，可以制订指标衡量教师对美学概念的理解程度、教学中艺术素养的展现、学生对美学作品的欣赏能力等。通过对指标的选择和测量方法的设计，可以更准确地评估教师培训项目对教师和学生的影响。

3.数据收集和分析

研究投入可以指导项目团队在数据收集和分析方面深入研究。通过采用定量和定性的方法，如问卷调查、观察记录、访谈等，可以收集到丰富的数据。这些数据可以用于评估模型的构建和指标的验证。同时，研究投入还可以帮助团队分析数据，运用统计和质性分析方法，得出有关项目效果的科学结论。

4.评估结果的应用与改进

通过设计新的评估模型和指标，研究投入可以提供项目团队在改进美学教育教师培训项目方面的重要参考。评估结果可以揭示项目的优势和不足之处，指导团队在培训内容、教学方法、教师支持等方面持续改进。同时，评估结果还可以为决策者提供依据，从长远的角度考虑项目的可持续发展。

（四）促进学术交流和合作

研究投入鼓励项目团队与学术界和教育机构合作和交流。通过参与学术会议、研讨会和研究合作项目，项目团队可以与其他研究者和从业者分享经验和成果，交流教学方法和策略，并共同探索美学教育教师培训的前沿问题。这种学术交流和合作有助于项目团队了解行业动态、了解其他项目的实践经验，并借鉴最新的研究成果。通过与其他机构和专业人士的合作，项目团队能够拓展项目的影响范围和资源网络，提高项目的可持续性。

1.学术交流平台的建立

研究投入鼓励项目团队建立学术交流平台，如学术会议、研讨会和论坛等，为教师、研究者和从业者提供一个共享经验和成果的场所。这些平台可以促进跨学校、跨地区的交流和合作，扩大项目的影响力和知名度。通过参与学术交流，项目团队可以了解其他项目的实践经验、研究成果和创新方法，从而借鉴和吸取经验，进一步提升自身的培训项目。

2.研究合作项目的开展

研究投入鼓励项目团队与其他研究机构、大学或教育机构开展合作研究项目。通过合作研究项目，项目团队可以与其他领域的专家和研究者共同探索美学教育教师培训的关键问题和挑战。合作研究项目可以提供更广泛的数据和资源支持，促进理论和实践的深入发展，同时也可以为项目团队提供跨学科合作的机会，推动项目的创新和发展。

3.学术资源的共享和借鉴

研究投入鼓励项目团队与其他教育机构和研究机构共享学术资源和经验。通过建立合作伙伴关系，项目团队可以访问到其他机构的教学材料、研究成果和教学案例等资源。这些资源可以为项目团队提供新的思路和创新的教学方法，丰富培训内容，提高教师培训的质量和效果。

4.跨地域和跨文化的交流

研究投入鼓励项目团队与不同地区和文化背景的教育从业者交流和合作。通过与国内外的教育机构和专家的交流，项目团队可以了解不同国家和地区的美学教育教师培训模式和实践经验。这种跨文化和跨地域的交流可以为项目团队提供新的视角和理解，拓宽项目的视野，促进全球美学教育教师培训领域的交流与合作。

5.学术评审和质量保证

研究投入可以促进项目团队的学术评审和质量保证，确保项目的学术水平和教学质量符合行业标准。通过参与学术评审和质量认证的过程，项目团队可以接受同行专家的评价和建议，进一步提升项目的质量和可持续性；还可以确保项目的可信度和影响力，同时也为教师培训项目的持续改进提供反馈和指导。

6.持续专业发展

通过学术交流和合作，项目团队可以不断学习和更新美学教育教师培训领域的最新知识和发展趋势。与其他研究者和从业者的交流可以帮助团队了解不同观点和经验，不断拓宽自身的专业视野。持续的专业发展有助于项目团队保持教学方法和策略的更新，并提供更具有针对性和前瞻性的培训内容。

7.相关政策扶持

通过学术交流和合作，项目团队可以与政府部门、教育机构和决策者合作，推动美学教育教师培训的发展和普及。通过与政策制订者的合作，项目团队可以为制订相关政策和标准提供专业建议，推动美学教育教师培训项目在国家层面得到更好的支持和认可。

通过建立学术交流平台、开展合作研究项目、共享学术资源、跨地域和跨文化交流、参与学术评审和质量保证、持续专业发展以及政策倡导，项目团队可以获得学术支持、拓宽视野、提升质量，并为美学教育教师培训项目的可持续性发展作出积极贡献。

通过明确研究目标、提供理论支持、收集和分析数据、评估项目效果、推动创新和发展，可以为项目提供有效的支持和指导，促进项目的可持续发展，提高教师培训的质量和影响力。

参考文献

[1] 李锐．音乐美学教育对大学生素质教育的影响 [J].中国科技信息，2005（22）：344.

[2] 钱皑洁．音乐教育与音乐美学的思考 [J].苏州教育学院学报，2011，28（1）：89-91.

[3] 肖欣怡．高校音乐教育的德育功能研究 [D].武汉：湖北大学，2016.

[4] 李学娟.完美与完善——音乐美学教材的阅读与反思[J].长春理工大学学报，2012，7（4）：211-212.

[5] 李红梅．音乐美学基本原理对音乐教育的几点启示 [J].艺术研究，2006（2）：16-17.

[6] 夏雨．审美教育视域下中学钢琴教学研究 [D].湘潭：湖南科技大学，2017.

[7] 岳巍．试论音乐美学在音乐教育中的应用 [J].北方音乐，2018，38（18）：137.

[8] 黄春玲．谈在高校开展音乐美学教育的意义 [J].科技信息，2009（12）：238.

[9] 莫雨莎．音乐美学教育在高校教学中的地位 [J].智库时代，2019（51）：139-140.

[10] 冯晓．高校音乐美学课程教学模式探索——当地音乐文化与音乐美学课程的结合 [J].遵义师范学院学报，2011，13（6）：120-122.

[11] 刘宗超．"大艺术观"与当代书学研究 [J].中国书法，2017（24）：20-27，1.

[12] 朱海林．当代高等书法教育中书法美学研究存在的问题及其对策——基于近 40 年书法硕士论文的考察 [J].大学书法，2021（1）：53-62.

[13] 聂信．本科阶段书法美学课程的设计与思考 [J].大学书法，2023（3）：32-40.

[14] 王太雄．书法艺术形式生成的真正原因是什么？——关于李泽厚的书法美学思想与毛万宝商榷 [J].中国书法，2011（12）：83-85.

[15] 米学军．论张华中的书法美学思想 [J].周口师范学院学报，2022，39（6）：71-75.

[16] 祝帅．新时代书法美学理论体系的建构 [J].中国书法，2022（11）：190-192.

[17] 徐万欢．当代书法美学的反思与解释——兼评王毅霖《批评与重构：中国书法美学的当代视域》[J].学术评论，2021（6）：30-35.

[18] 任梓翔．苏轼书法美学思想研究 [J].美与时代（中），2022（2）：12-14.

[19] 刘钦荣，米学军．思想与艺术融通形式与内容兼备——论张华中的书法美学思想 [J].河南牧业经济学院学报，2022，35（2）：84-88.

[20] 彭再生；陈先郡.书法中"力"的生成与"力"作为书法美学的基本范畴 [J].中国书画，2022（3）：20-24.

[21] 李嘉文．"孔颜之乐"与北宋书法美学刍议 [J].南京艺术学院学报（美术与设计），2022（3）：119-125.

[22] 朱芝洲，俞位增，李静 . 分化与趋同：德国应用科学大学的走向及启示——基于高等
教育系统"三角协调模型"的分析 [J]. 浙江工商职业技术学院学报，2022，21（4）：
35-39，84.

[23] 唐柳 . 未被期待的德国应用科学大学何以成功——基于历史的考察 [J]. 复旦教育论坛，
2022，20（6）：96-104.

[24] 科隆应用科学大学 [J]. 应用型高等教育研究，2022，7（4）：101.

[25] 徐纯，张巾帼 . 德国应用科学大学教师的选聘、发展与启示 [J]. 教育与职业，2023（8）：
77-84.

[26] 于喆 . 德国应用科学大学人才培养内部质量保障体系的数字化重构及借鉴 [J]. 深圳职
业技术学院学报，2023，22（2）：22-29.

[27] 牛金成 . 德国应用科学大学人才培养模式研究 [J]. 高等职业教育探索，2022，21（1）：
36-40.

[28] Sembritzki T，陈颖 . 论应用科学大学教授职位的内在差异 [J]. 应用型高等教育研究，
2021，6（4）：70-76，93.

[29] 西海岸应用科学大学 [J]. 应用型高等教育研究，2021，6（4）：101.

[30] 王兆义 . 通识教育在德国应用科学大学中的重构与裂变 [J]. 浙江科技学院学报，
2022，34（2）：163-170，196.